suhrkamp taschenbuch 930

André Kaminski, 1923 in Genf geboren, Doktor der Philosophie, Fernsehdramaturg, Stückeschreiber und Reporter, starb 1991 in Zürich.
Sechs Jahre verbrachte André Kaminski in Nord- und Äquatorialafrika; zunächst als Reporter und Filmemacher, dann als Gründer der staatlichen Film- und Fernsehschule in Algier. Aus dieser Zeit stammen seine Geschichten. In Algier wurde mittels Inserat im »Mudschahid« eine Eignungsprüfung angekündigt. Es meldeten sich viertausend; jeder zweite Algerier schien Regisseur werden zu wollen. Übrig blieben drei Mädchen und zwanzig Männer. Unter ihnen der übellaunige, zerlumpte, aber geniale Genfud, dessen Leben ein einziger Sieg über die Schwerkraft ist und von dem die erste Geschichte berichtet.
Kaminski erzählt, wie er als Berater mit einem Team nach El Ued fährt, um auf dem Wochenmarkt Schauspieler für einen Film zu finden. Unterwegs, in einem Wüstenbordell niedrigster Klasse, erkennt er in einem Krüppel Hafid. Kaum fünf Jahre zuvor war er ihm begegnet, als er noch schön war wie ein Engel und berühmt war als der Messerschlitzer von Bufarik. Ein Fidaj war er gewesen, ein Rächer der Befreiungsfront, mit dem Auftrag, Verrätern ein Ohr abzuschneiden; er hatte es auf 111 gebracht.
Der Autor berichtet von einem Prozeß in Boké, an den Ufern des Rio Nuniez in Äquatorialafrika gelegen, wo eine gewisse Frau Diop unter Anklage stand, den sechs Monate alten Säugling ihrer Rivalin gefressen zu haben. Die Angeklagte gestand und demonstrierte den Vorgang.
Das Buch enthält neun Erlebnisberichte eines »rasenden Reporters«, der zu schreiben und beschreiben weiß und es versteht, hinter Afrikas Maske zu schauen. Nach 36 Theater- und Fernsehstücken ist dies André Kaminskis erster Band mit Erzählungen.

André Kaminski

Die Gärten des Mulay Abdallah

Neun wahre Geschichten aus Afrika

Suhrkamp

suhrkamp taschenbuch 930
Erste Auflage 1983

Suhrkamp Taschenbuch Verlag

Druck: Ebner Ulm · Printed in Germany
Umschlag nach den Entwürfen
von Willy Fleckhaus und Rolf Staudt

7 8 9 10 11 – 94 93 92 91

Inhalt

Der Sieg über die Schwerkraft

Ich versuche seit meiner Kindheit das Unmögliche zu beweisen. Daß die Menschen gut sind, daß unser Leben einen Zweck hat, daß man die Welt verbessern kann. Ich schwimme gegen den Strom. Was heißt gegen den Strom? Gegen den Mississippi schwimme ich. Gegen den Yang Tse Kiang. Gegen die Stromschnellen des Sambesi. Ich riskiere jeden Augenblick in die Tiefe gerissen zu werden. Ich möchte zeigen, daß die Naturgesetze nur ein Vorurteil sind. Daß es keine Schwerkraft gibt. Daß der Geist stärker ist als das Fleisch, aber jedesmal kriege ich Prügel. Vom ersten besten Leimsieder, der sich auf die Erfahrungen beruft und nachweist, daß es sein muß, wie es ist und nie anders sein wird. *Ich* bin der gegenteiligen Überzeugung. Ich glaube, daß die Phantasie nichts anderes ist als die Widerspiegelung einer zweiten Realität. Unsere Träume sind Schattenrisse des Möglichen. Darum klammere ich mich an jeden Strohhalm. An Genfud zum Beispiel, der aussah wie ein Stockfisch und nichts für mich übrig hatte als Verachtung. Ihn wollte ich emporheben, denn in seinen Augen schimmerte ein Licht. Das Leuchten der Antimaterie.

Ich sollte eine Fernsehschule aufbauen. In Algier. Ein Jahr nach der Befreiung. Wir setzten ein Inserat in den »Mudschahid« und gaben bekannt, daß am 1. Oktober 1963 eine Prüfung stattfinden werde. Es meldeten sich viertausend. Ein Weltrekord. Es schien, als wollte jeder zweite Algerier Regisseur werden. Oder Drehbuchautor. Oder Kameramann. Viertausend Jungen haben sich gemeldet. Und drei Mädchen. Von den viertausend Kandidaten beriefen sich 3980 auf ihre vaterländische Gesinnung. Auf ihren Wagemut während des Befreiungskriegs. Sie zeigten uns Narben, Holzbeine, Verstümmelungen sowie die verschiedensten Orden und Ehrenzeichen. Wir schickten sie zur Offiziersschule, denn bei uns waren sie an der falschen Adresse. In unserem

Beruf hatten sie nichts zu suchen, weil wir Hasenfüße sind. Unsere Perversionen werden in der Phantasie ausgelebt. Wir morden nur in unseren Träumen. Wir stehlen höchstens fremde Ideen, und wenn uns nach des Nachbarn Weib gelüstet, geschieht es bestenfalls in unseren Drehbüchern.
Die übrigen Kandidaten, die keine heroische Vergangenheit nachweisen konnten, wurden einem Examen unterzogen. Die Prüfungskommission bestand aus vier Zivilisten: Hossein, Kersabi, Dschaffar und ich. Keiner von uns hatte je eine Waffe getragen. Keiner hatte je im Gefängnis gesessen, und den Ernstfall kannten wir vom Hörensagen. Das machte uns Kummer. Wir wurden von Schuldgefühlen gepeinigt, weil wir noch am Leben waren. Wir gehörten jener Generation an, die zum Heldenkult erzogen wurde, zur Ehrfurcht vor höheren Zielen und Verachtung des Alltäglichen. Darum gingen wir zum Film. Oder zum Fernsehen. Um uns wenigstens auf der Leinwand zu opfern. Oder auf dem Bildschirm.
Wir waren das Fundament der künftigen Fernsehschule und sollten zwanzig Männer examinieren und drei Frauen. Wir hatten geniale Ideen aber keine Ahnung, nach welchen Gesichtspunkten wir die Schüler aussuchen würden. Gleich zu Anfang ging die Türe auf und Genfud trat in den Saal. Kaum stand er vor uns, begann er auch schon seine Chancen zu versauen. Er war häßlich und verschwitzt. Roch nach ranzigem Öl. War dünn, grauäugig, abweisend. Das alles hätten wir ihm verziehen, wenn er nicht so ruppig gewesen wäre. Er war gegen uns. Versuchte nicht einmal, mit uns ins Gespräch zu kommen. Er stand da und stank. War abgeblitzt, bevor er zu Wort kam. Ich stellte ihm – der Ordnung halber – eine Routinefrage, damit er nicht herumerzählte, man habe ihn nicht geprüft:
– Warum wollen Sie zum Fernsehen, Monsieur Genfud?
– Weiß ich nicht, antwortete er und blickte zur Decke.
Kersabi war nicht gewillt, sich beleidigen zu lassen, und erklärte frostig:

– Kommen Sie wieder, wenn Sie es wissen. In einem Jahr oder sonst einmal.
Ich hatte Mitleid mit dem Jungen und fragte ihn, wozu er denn die lange Reise gemacht habe, von Tlemcen nach Algier, wo er doch keine Ahnung hatte, welches sein Ziel sei. Da gab er zurück, es sei nicht unsere Aufgabe, ihn auf seine Ziele zu prüfen, sondern auf seine Kenntnisse. Was er sich wünsche sei seine Sache und gehe mich nichts an.
Die Antwort war unerhört. Sie war sogar logisch. Ich bekam Lust, den Kerl kennenzulernen, und versuchte, näher an ihn heranzurücken:
– Haben Sie eine Beziehung zur Malerei?
– Nein.
– Zur Literatur?
– Nein.
– Die Kunst läßt Sie kalt?
– Ich habe mich nie sattgegessen, Monsieur. Für Leute wie mich ist die Kunst ein Luxus.
Damit hatte er mich erwischt. Er traf ins Schwarze meiner Schuldgefühle, denn ich hatte immer gut gegessen.
– Wie meinen Sie das, »nie sattgegessen«?
– Das heißt, daß ich einen leeren Magen habe, sagte er und riß sein Hemd auf. Wie ein schlechter Schauspieler. Da war nichts zu sehen als ein Skelett mit gelblicher Haut darüber. Ich schämte mich in den Boden hinein und fragte unsicher:
– Sie sagen, daß Sie noch nie ein künstlerisches Erlebnis, noch nie Gänsehaut gehabt haben?
– Einmal.
– Erzählen Sie!
– Musik habe ich gehört. In Tlemcen. Da bin ich aufgewachsen.
– Also ein Konzert?
– Nein.
– Aber was?
– Ein Transistor. Auf dem Suk. Jeder Krämer hat einen

Transistor, um die Kunden anzulocken. Tausend Transistoren; stellen Sie sich den Lärm vor!
– Aber Sie hören gerne Musik?
– Nein.
– Soeben haben Sie gesagt, daß Sie Musik gehört haben, die Ihnen Gänsehaut verursachte.
– Einmal, habe ich gesagt.
– Und? Was war das?
– Die neunte Symphonie von Beethoven.
Hossein lächelte herablassend. Kersabi putze ärgerlich seine Fingernägel, und Dschaffar zündete sich eine Zigarette an. Genfud machte sich lustig über uns. Oder wollte uns imponieren. Ein Lumpenproletarier aus Tlemcen. Wollte sich interessant machen. Ein bekannter Trick. Die neunte Symphonie von Beethoven. Hatte ein Fremdwort aufgeschnappt und warf es uns an den Kopf! Meine algerischen Kollegen waren wütend. Und ich verwirrt. Möglicherweise sprach er die Wahrheit, und ich bohrte weiter, ob er sich an etwas erinnere aus dieser Symphonie.
– An alles, Monsieur. An jeden Ton. Und besonders an den letzten Satz. Den mit dem Chor.
– Was für ein Chor?
– Die Ode an die Freude. Wissen Sie nicht, was das ist?
Jetzt verschlug es uns den Atem. Das klang echt, aber wir wollten es noch immer nicht glauben. Ich fragte, worum es sich denn handle, bei dieser Ode an die Freude.
– Um die Freude.
– Natürlich um die Freude – was weiter?
– Der Text ist von Schiller. Ich habe deutsch gelernt, um ihn zu verstehen.
– Deutsch haben Sie gelernt?
– Bei einem Fremdenlegionär, der nicht nach Deutschland zurück will. Ein Freund von mir. Arbeitet bei einem Metzger nebenan.
– Der geeignete Lehrer, murmelte ich vor mich hin.
Genfud spürte meine Ironie, schaute mich herausfordernd

an und fragte, ob ich deutsch verstehe.
– Ein wenig, sagte ich lächelnd, das ist meine Muttersprache.
– Dann will ich Ihnen etwas sagen in Ihrer Muttersprache.
– Bitteschön!
– Freude schöner Götterfunken
Tochter aus Elysium
wir betreten feuertrunken
himmlische, dein Heiligtum.
Seine Aussprache war erbärmlich. Wenn ich nicht gewußt hätte, was er da aufsagte, hätte ich gemeint, es sei arabisch. Aber es stimmte. Das waren Schillers Worte. Und er sprach sie mit soviel Innigkeit und strahlender Beglückung, daß wir uns gezwungen sahen, unser Urteil zu überdenken. Er konnte wirklich deutsch. Er hatte die neunte Symphonie gehört. Eine fremde Sprache gelernt, um Beethovens Botschaft besser zu verstehen. Jetzt wollte ich etwas tun, damit er aufgenommen würde und stellte ihm eine Prüfungsfrage:
– Hören Sie, Monsieur Genfud. Nehmen wir an, Sie wären ein Regisseur. Beim algerischen Fernsehen, das wir hier aufbauen sollen. Oder sagen wir neu aufbauen, denn die Franzosen sind gegangen und ihr habt keine Fachleute, um es wieder in Bewegung zu setzen. Nehmen wir also an, Sie müßten die neunte Symphonie übertragen. Aber so, daß jeder Algerier ihren Sinn begreift. Ohne deutsch zu lernen. Wie würden Sie das Orchester aufstellen und den Chor, damit auch der letzte Fellache Gänsehaut bekommt. Machen Sie einen Vorschlag! Wie würden Sie das inszenieren?
Genfud starrte durchs Fenster. Aufs weite Meer hinaus. Jetzt war er wieder ein Stockfisch. Knöpfte sich mechanisch das Hemd zu. Begann zu schwitzen. Zog knackend an allen Fingern seiner Hand und sagte dann plötzlich mit veränderter Stimme:
– Haben Sie schon gehört von der »opération pierre précieuse«?

– Nein.
– Das war eine Strafexpedition gegen uns.
– Ich war nicht in Algerien während des Kriegs.
– Kann ich mir vorstellen.
– Erzählen Sie weiter!
– Die Fallschirmjäger überfielen die Kabylei, weil sie von Fellagas verseucht war. Wissen Sie, was Fellagas sind?
– Heckenschützen, oder nicht?
– Wenigstens das wissen Sie
– Und?
– Die kabylischen Dörfer sitzen ganz oben. Auf den Gipfeln der Berge. Wie Storchennester auf dem Minarett. Eines Tages kamen die Franzosen. Eine Wolke von grünen Heuschrecken mit Kanonen, Napalm, Raketen. Alles haben sie niedergebrannt und kaputtgeschlagen. Kein Haus ist stehen geblieben. Tausend Dörfer sprengten sie in die Luft. Und dann haben sie aufgeräumt. Mit Bayonetten und Maschinengewehren. Jeder wurde niedergemetzelt, der sich nicht ergeben wollte. Den Dorfältesten brannten sie die Augen aus. Mit glühenden Eisen.
– Und die neunte Symphonie, Monsieur Genfud?
– In einem gemordeten Dorf, in den Ruinen einer geschändeten Moschee, plaziere ich das Orchester. Die Sänger stelle ich an eine zerschossene Mauer. Einen neben den anderen. Mit verbundenen Augen. In zerfetzten Kleidern. Barfuß. Und ihnen gegenüber eine Truppe von Fallschirmjägern. Mit gezückten Pistolen und . . .
Genfud verstummte. Schien sich an etwas zu erinnern. Schloß die Augen.
– Erzählen Sie, sagte ich mit trockener Zunge.
– Und dann würde die Musik einsetzen. Alle Instrumente. Und hundert Stimmen würden losbrüllen, gewaltig und hoffnungsvoll: Freude schöner Götterfunken Tochter aus Elysium.
Genfud war aufgenommen. Der erste Schüler unserer Schule. Und ich hoffte fest, daß er auch der erste Regisseur

des künftigen Fernsehens würde.
Aber das künftige Fernsehen war vorläufig nur ein Projekt. Etwas mehr als ein Projekt, denn es stand da in seiner unübersehbar penetranten Pracht. An den blühenden Abhängen zwischen El Biar und dem Hafen. Etwa in der Mitte. Zweihundert Meter über dem Meer. Ein stolzer Bau aus Eisenbeton und Glas. Zwölf Stockwerke. Feudale Büros. Moderne Studios. Kameras, Regieräume, Schneidekabinen, Laboratorien. Und aus allen Fenstern ein unvergleichlicher Blick über die Bucht von Algier. Alles war da. Außer dem Personal. Es war vom Erdboden verschwunden. Hinweggespült von der Weltgeschichte. Sechshundert Personen hatten hier ein Fernsehprogramm gemacht, um die Köpfe der Eingeborenen zu manipulieren: Télévision Française, Studio d'Alger. Auf französisch wurde hier angesagt, abgesagt und durchgesagt. Auf französisch gesungen, getanzt, getingelt und getangelt. Sieben Jahre lang hatten sie die frohe Botschaft verkündet. Daß die Fellagas bereits geschlagen seien und sich nie wieder erheben würden. Bis das Unvorstellbare eintrat. Bis die Naturgesetze widerlegt wurden. Die Algerier kamen und besetzten Algier. Alles hatte man sich vorgestellt, nur das nicht. Ein Rechenfehler war unterlaufen, und eine Million Herrenmenschen wälzten sich zu den Häfen, Flugplätzen und Bahnhöfen, um der Vergeltung zu entgehen. Sie klapperten mit den Zähnen. Schlotterten vor Angst und schlechtem Gewissen. Besonders die sechshundert Gehirnwäscher von der Télévision Française. Sie drohten zurückzukehren und stießen Verwünschungen aus: Faulpelze sind das und Spitzbuben. In drei Monaten ersaufen sie in der eigenen Scheiße. Es wird keinen Strom geben in Algier. Kein Wasser und kein Gas. In drei Monaten sind sie bankrott und werden uns anflehen wiederzukommen! So redeten sie alle. Auch Monsieur Bertholet, der glattrasierte Herr, der bis gestern noch der Direktor des Studio d'Alger gewesen war; der Gauleiter dieser Fernsehstation. Aber im Gegensatz zu seinem Personal hatte er beschlossen dazubleiben. Auszuharren und

zu warten, bis man ihn holen würde – auf den Knien natürlich – um die Zauberlaterne wieder anzudrehen. Seelenruhig saß er in seinem Salon und schlürfte Whisky, denn es war ein heißer Tag:
– Der Bildschirm wird schwarz bleiben, darauf könnt ihr Gift nehmen. Diese Buschneger wollen uns nicht? Bitteschön; aber aufs Fernsehen werden sie verzichten. Entweder *wir* senden oder niemand!
Während er so sprach, marschierten die Buschneger an seiner Villa vorbei. Schon am frühen Morgen hatte es angefangen und wollte nicht aufhören. Wie viele Fellagas gab es eigentlich? Eine Million? Zehn Millionen? Bertholet rieb sich vergnügt die Hände. Er war nicht bereit, das Debakel anzuerkennen: Sie haben eine Schlacht gewonnen, doch den Krieg gewinnen wir. Morgen. Vielleicht übermorgen. Wir haben Zeit und Geduld, denn wir sitzen am längeren Hebel. Heute abend werden sie ihre Kästen aufdrehen, und dann merken sie, daß wir nicht mehr da sind. Keine Franzosen, kein Fernsehen! Und dann kommen sie zur Besinnung, denn sie werden sich zu Tode langweilen mit ihrer läppischen Freiheit!
Bertholet war sicher, daß es an jenem Abend kein Programm geben würde. Von den 600 Angestellten waren nur ein Dutzend geblieben: zwei subalterne Beamte, ein tauber Kassierer, der bucklige Mersug, sieben Laufburschen und Moaki. Aber Moaki zähle nicht, der sei schwachsinnig.
In Wirklichkeit war Moaki der pfiffigste Schlawiner im ganzen Haus. Er hatte die Visage eines Hofnarren, der ständig lächelte, wenn man zu ihm sprach, und unterwürfig nickte, wenn man ihn beschimpfte. Niemand hätte geahnt, daß er ein Major der Befreiungsfront war. In engstem Kontakt mit dem Oberkommando. Beim Fernsehen war er gewöhnlicher Soldat. Assistent eines Filmcutters. Weniger als das. Der Zubringer eines Assistenten eines Filmcutters. Er wußte nichts von Elektronik. Theorie hatte ihn nie belastet. Dafür hatte er zugeschaut, wie man es macht und sich alles gemerkt. Fast alles.

Als die Soldaten der Volksarmee herannahten, erhielt Moaki den Befehl, um jeden Preis den Sender in Bewegung zu setzen und ein Programm auf die Beine zu stellen. Heute abend um sieben Uhr. Koste es, was es wolle! Das war eine Fieberphantasie, kein Befehl. Das war vollkommen undurchführbar. Ohne Ingenieure, ohne Techniker, ohne Programmleute, Kameramänner und Sprecher macht man keine Sendung. Das gibt es nicht. Das Oberkommando hätte ebensogut befehlen können, zu Ehren des historischen Augenblicks eine bemannte Rakete auf den Mond zu schießen. Doch an jenem Tage war die Schwerkraft aufgehoben. Alles war möglich und Moaki überlegte, wie er den Befehl ausführen sollte: die Franzosen haben abgeschaltet, spekulierte er, also kann man auch anschalten. Aber welchen Knopf? Es gab schließlich Tausende von Knöpfen. Wenn ich den richtigen finde, geht das Licht wieder an und der Sender funktioniert. Und was passiert, wenn ich den falschen andrehe? Vielleicht fliegt die ganze Station in die Luft und ich selber dazu. Was soll ich tun? Moaki kratzte sich am Schädel und kniff die Lippen aufeinander. Man mußte es versuchen. Im schlimmsten Fall komm ich in den Himmel, sagte er, und machte sich auf den Weg. Es war fünf Uhr nachmittags, als er in den zentralen Schaltraum trat und in totaler Finsternis sämtliche Knöpfe andrehte. Fieberhaft, einen nach dem andern, bis plötzlich ein Blitz die Dunkelheit durchzuckte. Grüne Lampen gingen an. Ventilatoren begannen zu knurren. Neonlichter flackerten auf. Das war unglaublich. Moaki hatte das Fernsehen repariert. Einfach so. Wie man einen Strumpf repariert. Die Station war sendebereit, es fehlte nur noch ein Programm. Eine Kleinigkeit. Doch da kam ihm der Einfall seines Lebens. Er schickte die sieben Laufburschen in die Stadt und befahl ihnen, das Volk von Algier ins Studio zu rufen. So wie es war. Mit Trommeln und Fahnen und explodierenden Herzen. Er sperrte die Tore weit auf, und gegen sechs Uhr abends begann die gewaltigste Reportage aller Zeiten. Hunderttausende strömten den Berg hinauf. Der Fernsehstation

entgegen, die sieben Jahre lang Symbol der französischen Herrschaft gewesen war. Johlend zogen sie durch die Korridore, in die Studios, wo alle Kameras eingeschaltet waren, alle Scheinwerfer und Mikrophone, und einfach registrierten, was sich hier abspielte. Das war eine Science-fiction von nie dagewesenem Ausmaß. Ein Gespensterstudio ohne Belegschaft. Keine Kameraleute, keine Aufnahmeleiter, keine Kabelträger. Nur ein einziges Männlein, der bucklige Mersug – Tontechniker von Beruf –, der aussah wie ein Abgesandter vom Jupiter. Er trug einen Kopfhörer über den Ohren und führte wortlos die Befehle aus, die Moaki übers Interkom erteilte. Moaki saß oben in der Regie. Gott auf Cap Canaveral. Ein riesiges Mischpult vor sich und eine Gegensprechanlage. Vor ihm standen 12 Monitoren, die auf 12 Kanälen Bilder übertrugen, Zeugnis ablegten von diesem überbordenden Umzug, dieser tobenden Demonstration beglückter Zügellosigkeit und überspannter Illusionen. Das war die Anarchie. Die Freiheit einer Nacht. Die Mikrophone waren offen. Der Sender funktionierte. Eine Sendung ging über die Antenne, wie sie nie zuvor gesehen worden war. Und niemals nachher. Legionen zogen vorbei. Männer, Frauen und Kinder. Ein jubelndes Lumpengesindel. Die besten Schauspieler aller Zeiten, denn sie stellten sich nicht zur Schau. Sie wußten nicht einmal, daß sie von 12 Kameras beobachtet wurden. Sie brüllten ihre Freude in die Luft. Sie lachten und weinten und umarmten sich. Marschierten, hinkten, hüpften. Schrien, sangen, trompeteten und in ihren Augen glänzte der Glaube, daß es keine Schwerkraft mehr geben werde. Nie wieder!
Ich sagte es bereits, das war die Reportage aller Zeiten. Ohne Regisseur, ohne Reporter, ohne Hilfspersonal. Keine Organisation. Nichts als der Ausbruch ausgelassenen Wahnsinns. Und was das erstaunlichste war, es gab keine Zuschauer. Alle waren Akteure. An diesem Tage waren alle auf der Straße, die den Krieg überlebt hatten. Der Taumel wogte durch die Eingangspforte herein und durch die Ausgangs-

pforte hinaus. Wenn jemand zuschaute, waren es Ausnahmen. Lahme, Kranke, Einbeinige und natürlich Monsieur Bertholet. Um sieben Uhr drehte er seinen Kasten an – mechanisch, wie er es jeden Abend getan hatte, um die Tagesschau zu kontrollieren – und natürlich wußte er, daß es keine Sendung geben würde. Diese Genugtuung wollte er sich nicht nehmen lassen: ein schwarzer Bildschirm. Trauerflor zum Abschied. Die wohlverdiente Strafe für die Undankbarkeit. Man mag uns nicht. Man will auslöschen, was wir hier geschaffen haben, während 130 Jahren, als sei nichts gewesen. Das dachte der glattrasierte Herr, als er einschaltete und ein Bild gewahrte. Er traute seinen Augen nicht. Er sah ein Feuerwerk von Bildern, eine Superreportage, wie sie die besten Fachleute der Welt nicht hätten machen können. Er starrte in den Flimmerschirm, wurde schwach und fiel vom Stuhl. Sein Grab befindet sich auf dem katholischen Friedhof von El Biar.

Das Ereignis dauerte 14 Stunden. Gegen 8 Uhr des nächsten Morgens gab es einen Knall, und die Apparaturen setzten aus. Schluß. Kein Licht mehr. Kein Strom. Etwas mußte geplatzt sein. Eine Panne. Moaki rannte durch die Kellerflucht. In den zentralen Schaltraum, wo es wieder finster geworden war. Er drehte an sämtlichen Knöpfen. Vergeblich.

Seither gab es kein Fernsehen mehr in Algerien. Wenigstens eine Zeitlang. Während einiger Wochen fummelte Moaki an allen Kontakten herum. Er hämmerte mit den Fäusten auf die Apparate. Boxte in die Verschalung der Generatoren. Ohne Erfolg. Sendestörung auf der ganzen Linie, und es war niemand da, der hätte helfen können. Die Welt ging nicht unter, wie es der arme Bertholet – Gott habe ihn selig – erhofft hatte. Es gab wichtigere Probleme und nichts geschah. Oder fast nichts. Man ließ einige Leute kommen, aus dem Ausland, um sich mit der Angelegenheit zu befassen. Es tröpfelten Ingenieure herbei und Elektroniker. Filmregisseure und Kameraleute. Auch ich war darunter und wurde gebeten, eine Fernsehschule aufzubauen. Mit drei algerischen Kollegen: Hossein, Kersabi und Dschaffar. Wir waren beauftragt, Programmleute heranzubilden. Man gab uns weder Geld noch Lehrmittel, hatte weder das eine noch das andere. Dafür ein paar wohlgemeinte Ratschläge und Berge von Vertrauen. Das konnten wir brauchen, denn die Aufgabe war theoretisch unlösbar. Einige Schüler hatten Talent, aber konnten nicht lesen. Die anderen konnten lesen, aber hatten kein Talent. Das war eine Gratwanderung. Sie dauerte zwei Jahre, und am 1. Juli 1965 fand endlich die Abschlußprüfung statt. Vier Lehrer. Zwanzig Schüler. Drei Schülerinnen. Die älteste hieß Fatima. Sie war hinreißend. Wer sie sah, war bezaubert, ob Schüler oder Lehrer. Sie schien verwegen und war doch unnahbar. Niemand bekam sie, nicht einmal Hossein, der sonst unweigerlich sein Ziel erreichte. Sie war von wunderbarer Unschuld, und doch spürten wir, daß sie kein Mädchen mehr war. Ein Mädchen hat nicht diese Kraft, diese Würde in Gang und Bewegung. Wer mochte sie sein?

Am ersten Juli flimmerte ein dampfiges Licht über den Dächern. Es roch nach Oliven, nach Jasmin, nach Liebe. Um neun Uhr begann ich das Examen mit einer Prüfung in Dramaturgie. Die Aufgabe war einfach. Jeder Student hatte eine Geschichte zu erzählen. Mündlich. In Anwesenheit aller anderen. Eine Filmnovelle zum Thema »ein Niemand«. Die Ergebnisse waren mäßig. Alle hatten etwas zu berichten, die Geschichten aber ließen mich kalt. Keiner holte mich aus meinem Halbschlaf. Bis Genfud erschien. Er war der Zwanzigste, der letzte von den Männern. Und schon bei seinen ersten Worten wachte ich auf. Er stand vor der Klasse, blickte auf seine Fingernägel und begann:

Ich erzähle euch die Geschichte von einem »Niemand« namens Gaschgaj, der so häßlich war wie ich. Und der niemals die Haut einer Frau gespürt hat. Wie ich. Er dachte immer nur an die Zärtlichkeit, die ihm niemand geben wollte. Er war mir überhaupt sehr ähnlich. Fischaugen hatte er und einen Ziegenkopf. Er wohnte in der Khasba. Mit seinem

Köter. In einem Bretterverschlag. Sein Brot verdiente er als Kesselflicker. Er besaß nichts. Wie ich. Nur einen verbeulten Kinderwagen, den er vor sich herschubste, wenn er durch die Gassen zog. Er lächelte unentwegt. Vom Morgen bis zum Abend. Einfach so. Oder vielleicht aus Angst. Ich weiß es nicht. Wenn er irgendwo auftauchte, krähte er seinen Namen – Gaschgaaaj – und die Weiber liefen herbei. Mit Pfannen und Töpfen und billigem Geschirr. Er hatte eine lächerliche Stimme. Und er druckste und stotterte, wenn er mit den Frauen sprach. Aber sie antworteten kurz und böse. Sie schauten weg, wenn sie ihn bezahlten. Manchmal schenkte er ihnen eine Blume. Da drehten sie sich ab und spuckten aus.
Eines Abends, das war vor fünf Jahren, rief der Muezzin vom Minarett. Gaschgaj warf sich auf die Knie, wie immer, um sein Gebet zu verrichten. Da kamen die Kinder vom Hafen zurück und hatten Fischköpfe in den Händen. Wie sie ihn sahen, mit seinem Teppich mitten auf der Gasse, ergriffen sie die Gelegenheit und fingen an, ihn zu bewerfen. Seebutt, Dorsch, Flunder, Goldbarsch; aber Gaschgaj war versenkt in seine Andacht und ließ sich nicht stören. Er wußte sich in Gottes Hand und betete weiter. Als er geendet hatte, nahm er seinen Teppich, legte ihn auf sein Wägelchen und kehrte nach Hause zurück.
Am nächsten Morgen stand er wieder da. Vor der großen Moschee, und flickte einen Zuber. Er hämmerte und grinste. Hinter dem Brunnen lauerten schon die Kinder. Plötzlich, als niemand hinschaute, schossen sie hervor. Wie ein Schwarm Stechfliegen. Sie packten seinen Karren und flitzten davon. Er hatte sein Gerät darin. Ein paar Kupferkannen und etwas Geld. Die Kinder johlten fort, und Gaschgaj hastete ihnen nach. Plattfüßig wie eine Ente. Er war zu langsam, natürlich, und konnte sie nicht einholen. Sie rannten die Gasse hinunter, um eine Ecke, und durch die blaue Pforte ins Frauenviertel hinüber. Gaschgaj sah gerade noch, wie sie in einem Hausgang verschwanden. Dann wurde es still. Er stolperte weiter durch ein Eisentor und unvermittelt stand er vor ei-

nem Haufen halbnackter Mädchen. Alte und junge, dicke und magere, die ihre Röcke hochhoben, den Hintern zeigten und die Brüste und ihn heranlockten. Er war außer Atem. Keuchte und schielte zur Seite. Da erspähte er seinen Wagen. Er zitterte am ganzen Körper. Zögerte einen Augenblick. Plötzlich stürzte er los, griff zu und lief davon. Die Dirnen fluchten ihm nach, er sei ein Schlappschwanz, ein faules Ei, eine weiche Rübe. Aber Gaschgaj schaute nicht zurück. Er schluchzte.

Am darauffolgenden Sonntag ging er auf den Markt. Zuerst suchte er Layachy, den Zahnausreißer. Als er ihn fand, bat er um vier Eckzähne, und zwar aus Gold. Zwei oben. Zwei unten. Layachy befahl ihm, Platz zu nehmen und das Maul aufzusperren. Das Volk gaffte, und einer rief, er kenne einen Ziegenbock, der hätte sich Goldzähne einsetzen lassen und sei Opernsänger geworden. Die Leute bogen sich vor Lachen, aber Gaschgaj tat, als höre er nichts. Im Gegenteil. Er betrachtete sich im Spiegel, gab Layachy seinen Lohn und schien zufrieden. Darauf ging er zu einem Juden und kaufte eine Kopfbedeckung. Einen violetten Sombrero aus Spanien. Zog ihn an und stelzte weiter. Er betrat auch den Laden eines Schusters, suchte lang und wählte schließlich ein Paar rote Pantoffel. So stolzierte er durch die Menge und kaufte noch einen Sack voll Feigen. Reife Früchte aus der Mitidscha, und selbstbewußt kehrte er in sein Viertel zurück. Jetzt hoffte er, mit Respekt empfangen zu werden. In seiner Gasse saßen die Kinder. Im Staub hockten sie und spielten Karten. Wie immer. Sie merkten nicht einmal, daß jemand kam. Da beugte sich Gaschgaj zu einem von ihnen. Lächelte. Zeigte die goldenen Eckzähne und verteilte die Feigen, die er mitgebracht hatte. Da erkannten sie ihn, den Mabul mit dem Ziegenkopf. Den »Niemand« aus der Bretterbude. Ein Geschrei brach los. Eine Meute von dreckigen Bengeln bildete einen Kreis um ihn und das Schützenfest konnte beginnen. Sie schossen die Feigen auf ihn ab, bis er aufheulte vor Schmerz und Scham und die Flucht ergriff.

Gaschgaj rannte, flog buchstäblich durch die Khasba, stürzte zu Boden. Erhob sich von neuem. Kam in die Stadt hinunter und plötzlich schrillte eine Pfeife. Eine Polizeipfeife. Französische Militärgendarmen. Militärgendarmen sind gescheite Leute. Wenn jemand flüchtet, hat er ein schlechtes Gewissen, logisch! Für Polizisten ist alles logisch. Der muß etwas verbrochen haben. Ein Fellaga, wahrscheinlich, oder so etwas ähnliches. Eine Verfolgungsjagd begann. Und zuletzt hatten sie ihn erwischt, den »Terroristen« mit dem violetten Sombrero, mit den vergoldeten Eckzähnen, mit den roten Pantoffeln und von Feigen beschmiert. Pressefotografen eilten herbei. Am nächsten Morgen prangte sein Bild in allen Zeitungen.

Gaschgaj wurde gefoltert. Man wollte ein Geständnis von ihm. Daß er seine Komplizen nenne. Er schwieg, denn er hatte keine Komplizen. Wenn er sie gehabt hätte, würde er sie genannt haben. Laut und stolz. Aber das war ja sein Unglück. Er war ein »Niemand«. Allein wie ein Hund im Bretterverschlag. Man tauchte seinen Kopf in Latrinenwasser bis er fast erstickte. Man klemmte ihm Aluminiumklammern an die Hoden und elektrisierte ihn. Er schrie. Er hatte nichts zu gestehen. Er besaß weder Komplizen noch Freunde noch Genossen. Am dritten Tag ließ man ihn laufen, weil man einsah, daß er ein Idiot war. Kannst gehen, sagte ihm der Sergeant. Aber paß auf! Das nächste Mal schlagen wir dich tot.

Gaschgaj schleppte sich durch die Straßen. Goldzähne, Sombrero, Pantoffeln, Blutschrammen im Gesicht. Er lächelte nicht mehr. Er war geworden wie alle anderen.

Starr humpelte er übers Pflaster und kam in die Khasba. Seine Augen unbeweglich. Wie aus Glas. Zuerst erkannte man ihn nicht. Die Leute liefen herbei. Begrüßten ihn voller Ehrfurcht, verbeugten sich, verschränkten die Hände über der Brust. Man wußte, woher er kam und was er erlitten hatte. Sie sprachen zu ihm, doch er gab keine Antwort. Er schlich weiter. Bis zu seiner Tür, wo der Hund ihm entgegenkläffte. Halb tot. Drei Tage lang hatte er nichts zu fressen bekommen. Gaschgaj nahm ihn auf den Arm. Streichelte ihm das Fell und drehte ihm den Hals um. Der Köter heulte auf und sackte zusammen. Gaschgaj ließ ihn liegen. Dann sammelte er seine Sachen zusammen, verließ den Raum, schloß ab, steckte den Schlüssel in sein Bündel und ging. Zum Meer hinunter, um nie wiederzukehren. Die Küste entlang. Es war Nacht. Er beeilte sich nicht, hinkte vorwärts und hob den Kopf zum Himmel, der schon silbrig wurde. Als es dämmerte, kam er nach Ras el Maasa. Vielleicht kein Zufall. Das heißt Ziegenkopf, und hier wollte er seinen Weg beenden. Er humpelt zum Strand hinunter. Weit und breit kein Mensch. Er knüpft sein Bündel auf und legt seinen Besitz in den Sand. Säuberlich. Den Schlüssel, ein Messer, zwei Silbermünzen und eine Taschenuhr, die längst nicht mehr läuft. Dann zieht er sich aus. Auch die Kleider legt er auf den Boden. Den Sombrero, die Hosen, die Pantoffeln. Pedantisch. Ein Stück neben das andere. Er tritt ins Wasser, und die Sonne geht auf am Horizont. Er watet vorwärts. Er will sterben. Zum letzten Mal schwillt sein Fleisch, er umspannt es mit der Hand, knetet es langsam und feierlich, während er tiefer in die Fluten schreitet. Jetzt bleibt er stehen. Einen Augenblick lang. Er hebt die Fäuste. Er schüttelt sie und stößt einen Schrei aus, »Gaschgaaaj«, den Erkennungsruf für die Weiber. Dann rudert er vorwärts. Das Wasser reicht ihm bis zur Brust, bis zum Hals. Dann rollt eine Welle heran ...

Wir hatten vergessen, wo wir uns befanden. Und dann geschah das Unerwartete. Fatima sprang auf, sie zitterte und bebte und flehte:

– Komm zurück, Genfud. Ich liebe dich.

Hier ist meine Geschichte zu Ende. Aber sie hatte noch ein Nachspiel, das ich erzählen muß, denn es beweist ... es beweist gar nichts.

Es geschah zwei Monate später, Anfang September, als wir den Schülern das Diplom überreichten, im Hauptsaal unserer Schule, Hossein, Kersabi, Dschaffar und ich. Wir waren

erregt und in festlicher Stimmung, denn wir promovierten die erste Generation algerischer Fernsehschaffender. Wir saßen hinter einem Tisch und jeder, der eintrat, händigte uns seine Dokumente aus: Leumundsnachweis, ärztliches Zeugnis, Heimatschein, und dafür bekam er sein Berufspatent. Genfud wußte sich zu exponieren. Schon bei der Aufnahmeprüfung war er als Erster hereingekommen. Heute als Letzter. Er war mein bester Schüler, mein Stolz, mein lebender Beweis gegen die Schwerkraft. Er stellte sich vor mich hin, blickte durch mich hindurch und reichte mir seine Papiere. Schon wollte ich aufstehen, ihm gratulieren, eine Rede halten, als er sagte:
– Das ärztliche Zeugnis fehlt, Monsieur.
– Warum?
– Weil ich es nicht habe.
– Aber Sie waren doch beim Arzt, oder nicht?
– Ja.
– Und Sie haben kein Zeugnis?
– Nein.
– Sind Sie krank, oder was haben Sie?
– Den Schanker, Monsieur. Den harten Schanker.
Wir saßen da und starrten ihn an.
– Waren Sie im Bordell?
– Nein. Fatima war im Bordell. Drei Jahre lang.
Es verschlug uns die Sprache.
– Sie kommt aus feiner Familie. Mit Silbergeschirr und Teppichen. Wo man französisch spricht und Bücher liest. Zwingen wollte man sie, ihren Onkel zu heiraten, einen Viehhändler aus Biskra. Den Bruder des Vaters. Vierzig Jahre älter als sie und ekelhaft wie eine Warze. Man hat sie aus dem Haus gejagt. Mitten im Krieg. Einen Beruf hatte sie nicht. Sie mußte essen.
– Wußten Sie, daß Fatima krank ist?
– Sie hat es mir gesagt. In unserer ersten Nacht.
– Und was werdet ihr tun?
– Leben, Monsieur!

Frau Zaui

Sie trug einen Schleier. Allah allein weiß warum. Ich werde nie erraten, was hinter ihrem Schleier vorging. Die Frauen von Algier begannen sich zu befreien. Sie wollten ihren Männern nicht mehr gehorchen, fingen an, aufrecht zu gehen, mit bloßem Antlitz. Die lange Nacht war vorbei. Frau Zaui dachte anders. Sie dachte viel, nehme ich an, und sprach wenig. Nur hin und wieder machte sie eine Bemerkung, kurz und scharf, aber jedesmal traf sie mich. Einmal schaute sie zum Fenster hinaus und erklärte unvermittelt:

– Wer den Schleier ablegt, hat nichts zu verbergen.

– Und, fragte ich, was haben denn *Sie* zu verbergen?

– Mich! Das ist alles, was ich besitze.

Ihr Mann war tot. Die Fallschirmjäger waren in sein Haus eingedrungen, hatten die Wohnung durchsucht und drei Maschinengewehre gefunden. Sie nahmen ihn mit, in die berüchtigte Salpetrière, folterten ihn fünf Tage lang, doch er schwieg. Wenn er gesprochen hätte, würde er heute noch leben. Am sechsten Tag erschossen sie ihn. Sie benachrichtigten seine Familie und verscharrten den Leichnam.

Jetzt ist Algerien ein unabhängiges Land. Frau Zaui ist die Witwe eines Märtyrers, eines sogenannten Schahid. Sie bekommt eine Rente, von der sie weder leben noch sterben kann. Oft erkundigte ich mich nach ihrem Mann. Sie gab nur flüchtige Antworten. Einmal ging ich gerade auf mein Ziel los und fragte:

– Haben Sie ihn geliebt?

– Ich hatte mich gewöhnt an ihn. Es gibt Männer, an die ich mich nie gewöhnt hätte.

– Sie haben vier Kinder von ihm.

– Die Kinder habe ich vom lieben Gott. Mein Mann hat mit mir geschlafen, um sein Vergnügen zu haben.

– Ist das schlecht?

– Gott wird ihn beurteilen.

Ihr ältester Sohn hieß Mohammed. Sie zitterte um ihn. Tag und Nacht. Betete, daß etwas werde aus ihm. Ein Lehrer oder Apotheker. Einmal kam sie zu spät zur Arbeit. Sie hatte ein blaues Auge, blutunterlaufen und geschwollen. Was ist passiert, wollte ich wissen, wer hat Sie geschlagen?
– Mein Sohn Mohammed. Er kann sich nicht beherrschen.
– Er ist noch ein Kind, Frau Zaui. Er muß sich beherrschen.
– Er ist ein Mann. Männer machen, was sie wollen.
– Ist das gut?
– Gott wird ihn beurteilen. Ich bin seine Mutter.
Und dann erzählte sie. Der Postbote hatte geläutet. Er brachte ein Paket. Sie lief zur Türe, ohne den Schleier umzubinden. Da schlug Mohammed sie ins Gesicht, daß sie gegen die Wand stürzte. – Meine Mutter ist keine Hure, zischte der Junge, verhülle dich, wenn du aufsperrst!
Hanka, meine Frau, hatte mit halbem Ohr zugehört. Jetzt schaute sie auf von ihrem Buch und sagte:
– Wenn mich mein Sohn ins Gesicht schlüge, würde ich ihn umbringen.
– Du hast keinen Sohn, erwiderte Frau Zaui, du weißt nicht, wovon du redest!
Sie ahnte nicht, daß Hanka ein Kind erwartete. Oder vielleicht ahnte sie es, denn sie hatte einen sechsten Sinn.
Frau Zaui fürchtete Gott. Fürchten ist nicht das richtige Wort, denn sie fürchtete niemand. Sie glaubte einfach. An die Gesetze des Islam, die sie befolgte, nach dem Geist und dem Buchstaben. Kersabi pflegte bei uns zu essen. Weil wir Freunde waren, und weil es bei uns verbotene Sachen gab, Schweinefleisch und Schinken, Wein und Wodka. Er hatte in Berlin seine Studien absolviert und die letzten Hemmungen verloren. Er trug einen Schnurrbart, der bis zum Kinn hinunterhing. Er spähte mit kurzsichtig-blitzenden Äuglein durch seine Gläser und sah aus wie ein bebrilltes Walross. Er verpaßte keine Gelegenheit, Gott zu lästern, besonders in

Anwesenheit von Frau Zaui. Nie hätte sie gewagt, ihm offen zu widersprechen, denn er war schließlich ein Mann, ein Gebildeter. Und dazu stammte er aus Tlemcen, einer heiligen Stadt im Westen des Landes. Vielleicht meinte er es gar nicht so bös. Vielleicht wollte er sie nur prüfen und feststellen, wie treu sie zu ihrem Glauben hielt. Andererseits konnte sie sehen, jeden Tag und mit eigenen Augen, daß er mutwillig die Vorschriften verletzte. Als würdige Tochter des Propheten mußte sie aufstehen gegen die Sünde. Als Frau hingegen hatte sie ihm zu gehorchen. Sie löste den Knoten auf ihre eigene Weise. Hartnäckig deckte sie den Tisch nur für zwei Personen. Für Hanka und mich, denn wir durften essen, was wir wollten, trinken, was uns Spaß machte. Für Frau Zaui waren wir Heiden, gute Heiden, wie sie immer wieder zu unterstreichen pflegte, aber Heiden. Sie schloß uns in ihre Gebete ein und war überzeugt, daß wir am Ende doch noch den richtigen Weg einschlagen würden. Auch für Kersabi betete sie, denn er half ihr, wo er nur konnte. Er war freundlich zu ihr und hatte überhaupt ein gutes Herz. Nur mit der Religion stand er auf Kriegsfuß.

Jeden Tag sprach sie mit dem Allmächtigen und leistete Fürbitte für den Sünder, dem sie insgeheim die ewige Seligkeit wünschte. Aber sie lehnte es ab, ihm verbotene Speisen vorzusetzen. Nicht daß sie es ausgesprochen hätte, doch sie tat es einfach nicht. Dafür deckte sie für ihn, wenn sie den Kuskus servierte, oder Spezialitäten aus Tlemcen. Huhn auf kandierten Zitronen. Pastilla mit gehackten Turteltauben oder zart gebratenen Meschui. Dann stellte sie ihm sogar besonders feines Geschirr hin, damit er sich ergötzte an den Köstlichkeiten der traditionellen Küche und zurückkehrte zum wahren Glauben seiner Vorfahren. Aber Kersabi war ein undankbarer Gast. Er vergalt ihre Aufmerksamkeit mit frechen Reden:

– Ein Festessen ohne einen Trunk, sagte er, ist wie eine Frau ohne Brüste. Warum bekomme ich nichts zu trinken?

Frau Zaui stellte sich dumm und brachte Mineralwasser auf

den Tisch. Doch Kersabi soff unbekümmert aus unserer Flasche, wobei er ihr listig zuzwinkerte:
– Was fürchtest du eigentlich Gott? Du bist doch sonst nicht furchtsam.
– Ich bete zu ihm, weil er im Himmel ist.
– Der ist weit weg von hier, erwiderte Kersabi.
– Eben darum. Er ist weniger gefährlich als eure Götzen, die auf Erden regieren und euch blöd machen mit ihrem Geschwätz.
– Mag sein. Aber warum fürchtest du deinen Sohn Mohammed? Der ist nicht im Himmel, sondern in deiner Wohnung. Und verprügelt dich, wenn er Lust hat.
– Das ist nicht das gleiche. Mein Sohn Mohammed ist Fleisch von meinem Fleische. Ich fürchte ihn nicht, aber ich liebe ihn. Wie mich selbst. Liebt ihr eure Götzen?
Es war nicht einfach, mit ihr zu streiten. Weil sie versöhnlich war und von heiterer Gemütsart. Und was sie sagte, hatte Sinn. Einen merkwürdigen Sinn, der einer fremden Logik entsprang. Einer anderen Mathematik, die uns unzugänglich schien. Wir hörten nie auf, für unser Denksystem zu werben. Wir meinten, in unserer Überheblichkeit, sie würde glücklicher werden, wenn sie nach unserer Arithmetik rechnete. Meine Mutter zum Beispiel. Meine Mutter ist überzeugt, daß zwei mal zwei vier ist. Sie ist bereit, dafür zu leiden. Zu missionieren für die Wahrheit des kleinen Einmaleins. Sie war nach Algerien gekommen, um uns einen Besuch abzustatten. Kaum war sie da, hatte sie sich in den Kopf gesetzt, Frau Zaui für ihre Grundsätze zu gewinnen. Für den Fortschritt und die Emanzipation des Menschen. Eine moderne Frau wollte sie machen aus unserer Haushälterin. Einen würdigen Bürger des zwanzigsten Jahrhunderts. Das Kräfteverhältnis betrug nun vier zu eins: Hanka, meine Mutter, Kersabi und ich. Gegen eine arme Witwe, die weder lesen konnte noch schreiben. Eines Abends saßen wir auf der Terrasse und blickten übers weite Meer hinaus. Da fragte Frau Zaui meine Mutter:

– Warum willst du, daß ich so denke wie du?
– Sie sind Ihr ganzes Leben lang gedemütigt worden. Ich möchte, daß Sie endlich besser leben.
– Habe ich schlecht gelebt?
– Man hat Sie behandelt wie einen Hund. Das muß sich ändern!
– Wann?
– Morgen, wenn Sie endlich lernen, sich zu wehren.
– Morgen, erwiderte Frau Zaui mit einem verächtlichen Lächeln, bei uns sagt man, daß morgen schlechter ist als heute.
– Bei uns sagt man »kommt Zeit, kommt Rat«. Das bedeutet, daß man vorwärts schauen soll und nicht zurück.
– Ich weiß nur eines, Madame. Und zwar, daß ich morgen älter bin als heute. Und übermorgen kommt der Tod.
Wir redeten aneinander vorbei. Zwei verschiedene Sprachen. Unsere Argumente waren zwar vernünftig, aber Frau Zaui überzeugten sie nicht. Seit Kindesbeinen lernen wir, jedes Ereignis auf seine Ursache zurückzuführen. Nach dem »Warum« zu fragen. Wir verwenden das Allerheilswörtchen »weil« und meinen damit das Leben zu durchschauen. Es regnet, weil Wolken am Himmel hängen. Das Wasser siedet, weil es erhitzt wurde. Dieser Mensch ist glücklich, weil er genug zu essen hat.
– Woher weißt du das? gab sie zurück, hungrige Leute können glücklicher sein als satte. Und wenn sich jemand überfrißt, hat er Bauchschmerzen und muß sich ins Bett legen. Laßt mich doch in Ruhe mit eurem ewigen »weil«!
Frau Zaui anerkannte keine Ursächlichkeiten. Umgekehrt. Sie wurde reizbar, manchmal sogar böse, wenn wir versuchten, die Welt zu erklären. Gottes Welt ist so, wie sie ist, und daran gibt es nichts zu deuteln. Einmal kam Kersabi und wollte sie aufs Glatteis führen:
– Glaubst du, ich komme ins Paradies?
– In die Hölle kommst du, und zwar je schneller desto besser.

– Das kannst du doch nicht ernst meinen.
– Doch, sagte Frau Zaui mit einem unmerklichen Lächeln, weil du ein Unhold bist, weil du die Gesetze mißachtest und die Religion verhöhnst.
– Weil ich ein Unhold bin, behauptest du, weil ich die Gesetze mißachte. Weil ich die Religion verhöhne. Du bist auch nicht besser als wir. Jedes zweite Wort heißt bei dir weil.
Frau Zaui runzelte die Stirn und suchte nach einer Antwort. Der Schnurrbart hatte sie aus dem Gleichgewicht gebracht. Sein Argument war nicht zu widerlegen. Darum kicherte sie in sich hinein und erwiderte:
– Mein *weil* ist gut und deines ist schlecht.
– Wie willst du das denn beweisen?
– Weil ich zu Gott bete und du zu den Götzen, die uns herumkommandieren und uns behandeln wie Dreck unter der Sohle. Das ist ein Unterschied.
Die theologischen Streitgespräche zwischen Kersabi und Frau Zaui waren endlos. Sie glichen einem Fortsetzungsroman, der immer dann abgebrochen wird, wenn sich eine Lösung abzeichnet. Diesmal verkündete der Schnurrbart, er komme so oder so in den Himmel.
– Wenn das wahr ist, backe ich dir einen Kuchen.
– Es ist wahr und du backst mir einen Kuchen. Mit Rum und mit Schlagsahne.
– Mit Schlagsahne ja; aber ohne Rum. Und jetzt erkläre mir, warum du so oder so in den Himmel kommst.
– Weil ich in Tlemcen geboren bin. Tlemcen ist eine heilige Stadt. Also bin ich ein Heiliger.
– Ich kenne eine Hure, sie heißt Leila und wohnt in meinem Haus, die kommt auch aus Tlemcen und ist bestimmt keine Heilige.
– Ich bin keine Hure und heiße nicht Leila. Wenn ich spüre, daß der Tod kommt, setze ich mich in ein Flugzeug und fliege nach Mekka. Dort wasche ich alle Sünden von der Seele und werde ein Hadsch.
– Du wirst niemals ein Hadsch.

– Ich werde ein Hadsch, und jeder Hadsch kommt in den Himmel.
– Dein Flugzeug stürzt ab, bevor du in Mekka landest.
– Du sollst nicht wahrsagen, heißt es in der Schrift.
– Und trotzdem stürzt es ab, denn Allah kann nicht zulassen, daß ihm ein Ungläubiger den Himmel verschmutzt.
Kurz darauf begann der Fastenmonat. Die frommen Moslem hungerten. Vier Wochen lang. Von der Morgendämmerung bis zum Aufgehen des ersten Sterns. Frau Zaui befolgte alle Vorschriften und biß tapfer die Zähne aufeinander, wenn sie uns die Mahlzeiten vorbereiten mußte. Nur eines war ihr unerträglich. Daß Schnurrbart mittafelte. Unverfroren, als hätte er nie etwas gehört vom heiligen Monat Ramadan. Eines Tages trat meine Mutter ins Studierzimmer und teilte mir flüsternd mit, sie habe eine bedenkliche Beobachtung gemacht. Frau Zaui schneide sich die Fingernägel und verbrenne sie.
– Ich habe schon Schlimmeres gehört.
– Die Asche ihrer Fingernägel mischt sie ins Mehl.
– Das glaube ich nicht.
– Ins Mehl mischt sie die Asche und macht daraus Kuchen.
– Für wen?
– Für Kersabi, so viel ich weiß, um ihn zu bekehren.
– Das ist nicht besonders appetitlich.
– Nicht besonders appetitlich? Ekelhaft ist das. Man muß ihr das verbieten. Sie kann doch nicht ihre Perversitäten an uns ausprobieren!
Hanka führte ein ernsthaftes Gespräch mit ihr. Frau Zaui mußte sich verpflichten, keine Zauberkünste mehr zu treiben. Sie verpflichtete sich. Dann wurde sie einsilbig. Die gute Stimmung im Haus war zum Teufel; doch die erste Runde hatten wir gewonnen. Nicht wir persönlich, aber unsere Sache. Der gesunde Menschenverstand. Der Fortschritt. Das wissenschaftliche Weltbild und so weiter. Daß wir etwas eingebüßt hatten, merkten wir erst später. Vorläufig waren wir

stolz auf unseren Erfolg. Kersabi war vielleicht etwas nachdenklich; sagte jedoch nicht warum.

Die ganze Angelegenheit war natürlich grotesk. Wir glaubten nicht an Zauberei oder behaupteten es wenigstens. Wir waren überzeugt, daß nur natürliche Kräfte unser Dasein bestimmen. Zugegeben. Man kann jemanden beeinflussen oder bekehren oder von seinem Weg abbringen. Aber nicht durch das Verbrennen von Fingernägeln. Das wäre ja Hexerei. Gewöhnlicher Animismus. Diese Frau stellte sich vor, daß sie mit der Asche ihrer Fingernägel einen Teil ihrer Person in den Kuchenteig mischte. Ein Fragment ihrer Seele. Das war prähistorischer Unsinn. Heidnischer Aberglauben; daran gab es überhaupt keinen Zweifel. Wovor also hatten wir Angst? Woher kam unser panisches Mißbehagen? Fürchteten wir, in den Bannkreis dieser Hexe zu geraten? Ihren Kunststücken zum Opfer zu fallen? Das war doch lächerlich! Ein Widerspruch in sich. Man glaubt an die Wissenschaft oder an Wunder. Ich glaubte an die Wissenschaft. Sogar in Aufus, wo ich fünf Jahre vorher gewesen war, ließ ich mich nicht ins Bockshorn jagen. Das liegt im östlichen Tafilalet, und ich war dort zu einer Zeit, als der Anblick einer Uhr die Eingeborenen in Todesangst versetzte. Eine biblische Dürre suchte damals jene Landstriche heim. Ich drehte einen Film über die Trockenheit, über die Leute von Aufus, die mit allen Mitteln versuchten, den Regen herbeizulocken. Ein runzliges Weib schlug vor, das große Tauziehen zu veranstalten. Die Männer auf der einen Seite, die Frauen auf der anderen. Der Kampf ging los, wurde immer heftiger, und plötzlich, auf ein verabredetes Zeichen, ließen die Männer das Seil fahren. Die Weiber stürzten zu Boden. Stießen wilde Jauchzer aus, warfen die Beine in die Luft. Und entblößten ihr Geschlecht. Nun taten es die Männer ebenso, begannen zu onanieren. Alle zusammen, und sangen eine inbrünstige Litanei dazu. Der Samen fiel auf die vertrocknete Erde, um sie fruchtbar zu machen. Danach zogen sie an den Ostrand der Oase, um zu beten. Sie fielen auf die Knie und begannen, Allah zu beschwören. Wolken zu schicken, Regen, der sie retten würde vor der Dürre und dem Verdursten. Das Unglaubliche trat ein. Ich sage unglaublich, weil ich nicht daran glaubte. Am Horizont zeigte sich eine Wolke. Ich wußte, daß ich haluzinierte. Ich befahl dem Kameramann, den ganzen Vorgang zu fotografieren. Zehn Minuten lang wurde meine Überzeugung auf die Probe gestellt. Aber ich konnte doch nicht annehmen, daß sich die Materie hypnotisieren lasse. Daß man mit dem Willen Berge versetzte. Daß man die Naturgesetze einfach aufhob, als seien sie nur vorübergehend gültig. Die Wolke näherte sich, schwarz und bedrohlich. Ein paar hundert Menschen hielten den Atem an, bis plötzlich ein Schrei des Entsetzens die Stille durchfuhr. Ich atmete erleichtert auf. Die Wolke brachte keinen Regen, sondern das äußerste Unheil, das eine Oase heimsuchen kann. Heuschrecken. Millionen Heuschrecken. Mein wissenschaftliches Weltbild war gerettet. Die Naturgesetze ließen sich nicht manipulieren. Die Materie war unbestechlich. Nach einer Stunde war von der grünen Oase nichts übriggeblieben als eine Hölle von kahlgefressenen Palmen. Ich hatte mein philosophisches Gleichgewicht wieder, und die Leute von Aufus waren zu Bettlern geworden. Man glaubt an Wunder, oder man glaubt nicht daran. Ich jedenfalls nicht. Frau Zaui aber beunruhigte mich doch. Wer weiß, was sie uns in die Suppe streute. Und zu welchem Zweck.

Im November jenes Jahres brachte Hanka einen Knaben zur Welt. Unseren ersten und einzigen. Er war ein Sechsmonatskind. Wog knappe dreizehnhundert Gramm. Sah aus wie eine Languste, und Professor Veneziano sagte, das Kind müsse sterben. Als Frau Zaui das hörte, erklärte sie, der Professor sei ein Ziegenkopf, ein ras el maasa. Sie sei zwar nicht in die Schule gegangen, aber so eine Erkenntnis hätte sie auch haben können. Jeder Mensch müsse sterben. Es frage sich nur wann! Ihre Worte gaben mir Mut, und Hanka lächelte zum ersten Mal seit ihrer Niederkunft. Dennoch wagte ich nicht, das Kind registrieren zu lassen. Aus Furcht, dem Schicksal vorzugreifen. Mein Sohn lag in einem Brutkasten. Bekam Sauerstoff aus einem Beatmungsapparat, und Professor Veneziano versicherte, daß es keine Hoffnung mehr gebe. Nach zwei durchwachten Nächten kehrte ich nach Hause zurück. Niedergeschlagen und müde. Ich trat in die Wohnung und erblickte Frau Zaui, die am Boden lag und betete. Als sie fertig war, fragte ich, was es Neues gebe. Sie stand auf, machte sich das Haar zurecht und sagte, Gott habe ihr eine Botschaft übermittelt.

– Was für eine?

– Daß du morgen aufs Amt gehst, um den Knaben anzumelden.

– Wer weiß, ob er morgen noch lebt.

– Er wird leben, wenn du ihm einen rechten Namen gibst.

– Was verstehen Sie unter einem rechten Namen, Frau Zaui?

– Den ersten Sohn nennt man Mohammed. Wenn er Mohammed heißt, wird er groß und gescheit.

Bei diesen Worten band sie sich den Schleier um den Kopf. Dann warf sie den Kaftan über und ging. Unter der Türe drehte sie sich noch einmal um und sagte:

– Mohammed wird hundert Jahre alt, denn es steht geschrieben, daß die Schwachen stark und die Kranken gesund sein werden.

Am nächsten Morgen ging ich zur Stadtverwaltung und meldete meinen Sohn an, dem ich den Namen Mohammed gab. Darauf fuhr ich ins Krankenhaus, um Hanka zu besuchen. Sie lag in ihrem Bett und weinte. Professor Veneziano hatte gesagt, das Kind werde den Tag nicht überleben. Wir sprachen lang miteinander und machten uns darauf gefaßt, unser Kind zu verlieren. Ich blieb bis zum Abend, wartete auf seinen Tod, doch als die Sonne unterging, lebte es noch immer. Ich machte mir keine Illusionen. Ich konnte nichts gegen das Schicksal. Ich fuhr nach Hause und teilte Frau

Zaui mit, daß der Knabe verloren sei. Diese Nacht werde er uns verlassen. Sie saß da. Traurig. Mit gekreuzten Beinen und sagte:
– Er wird dich verlassen, weil *du* ihn verlassen hast.
– Ich kann ihm nicht mehr helfen, Frau Zaui. Es ist zu spät.
– So lange er lebt, ist es nicht zu spät. Geh hin und du wirst sehen, daß sie ihn ersticken.
– Woher wissen Sie das, um Gottes willen?
– Ich spüre, daß sie ihn ersticken. Stell keine Fragen und geh zu deinem Sohn!
Ich gehorchte schon wieder. Gegen meine Überzeugung und gegen die Wissenschaft. Ich raste durch die Stadt und kehrte ins Krankenhaus zurück. Wie ein Besessener rannte ich durch die Gänge und in den Saal mit den Brutkästen. Man hatte den Sauerstoffapparat abgestellt. Um Strom zu sparen, möglicherweise; oder weil das Kind ohnehin keine Chancen mehr hatte. Das Blut schoß mir in den Kopf. Meine ganze Verzweiflung verwandelte sich in Tobsucht. Ich suchte einen Arzt, den ersten besten, an dem ich meine Wut auslassen konnte. Ich fand einen, der mir über den Weg lief, und schlug ihm zwei Zähne aus. Ich brüllte, die Ärzte seien eine Maffia von Mördern, die Krankenpfleger ihre Helfershelfer, und wehe dem Schurken, der den Brutkasten noch einmal abdrehen werde. Ich sank in einen Sessel. In Schweiß gebadet. Am Ende meiner Kräfte und schlief ein. Am darauffolgenden Morgen röchelte das Kind. Schwach und stoßweise. Hatte fast keinen Puls mehr. Wog nur noch zwölfhundert Gramm. Man ernährte es künstlich. Mit Kindermehl und Zuckerwasser. Gegen Mittag verfärbte sich seine Haut. Rost und Grünspan überzogen den kleinen Körper. Das war das Ende. Ich flüchtete nach Hause, um mich auszuheulen. Frau Zaui stand im Wohnzimmer. Mit verweinten Augen, kreidebleich. Sie wußte alles, obwohl niemand sie benachrichtigt hatte.
– Ich habe mit ihm gesprochen.

– Mit wem?
– Mit deinem Mohammed. Er ist mir im Traum erschienen. Hat mir alles erzählt.
– Was?
– Daß er sterben muß.
– Ich weiß.
– Weil du auf den Professor hörst statt auf mich
– Ich höre auf Sie, Frau Zaui. Mehr als es sich geziemt. Ich war auf der Stadtverwaltung, weil Sie es so wollten. Ich habe ihn angemeldet, wie Sie es wünschten. Ich gab ihm den Namen Mohammed. Was wollen Sie noch von mir?
– Nichts will ich von dir, aber ich habe vier Kinder zur Welt gebracht. Ich lebe allein. Ohne Mann. Ich ernähre fünf Personen durch meine Arbeit. Ich führe meinen Haushalt und deinen. Ich habe mehr Leben im Blut als du und dein dummer Professor zusammengenommen.
– Wozu erzählen Sie das alles? Mein Kind ist nicht mehr zu retten.
– Ich habe genug Leben im Blut, um dein Kind dreimal zu retten, aber man läßt mich nicht. Ich darf ja nicht zaubern. Mußte versprechen, keinen Unfug zu treiben.
– Was haben Sie im Sinn, Frau Zaui?
– Nichts. Ich habe versprochen, keinen Unfug zu treiben.
Ich haßte diese Frau. Jetzt hatte sie die Oberhand. Ich war ihr ausgeliefert, und das wußte sie. Sie konnte tun, was sie wollte. Ich durfte ihr nicht widersprechen. Sie würde irgend etwas verlangen und ich mußte einwilligen, denn ich liebte dieses Kind. Diese zwölfhundert Gramm Protoplasma, die noch gar nicht begonnen hatten zu leben. Ich war zu allem bereit, zu jeder Schandtat, und fragte sie:
– Woher wissen Sie, daß mein Kind gerettet werden kann?
– Ich habe schon andere Kinder gerettet.
– Wie?
– Mit meinem Blut.
– Mit Ihrem was?

– Mit meinem Monatsblut, verstehst du?
Das war zuviel für mich. Ich jagte sie davon. Ich schickte sie zum Teufel und verbot ihr, je wiederzukehren. Sie verließ meine Wohnung, ohne ein Wort zu sagen.
Ich war damals vierzig Jahre alt. Ein reifer Mann. Im Zenith des Lebens. An jenem Tag war ich ein Nichts, ohne Kraft und Willen. Ich schloß mich ein, in meinem Zimmer. Warf mich aufs Bett und schluchzte. Ich weinte stundenlang. Bis die Nacht hereinbrach. Plötzlich klingelte das Telefon. Hanka rief an. Der Todeskampf hatte begonnen. Bald sei alles zu Ende. Noch eine Stunde. Höchstens zwei. Ich solle nicht verzweifeln, sagte sie. Das Leben gehe weiter. Wessen Leben? fragte ich und hängte auf.
Ich hatte noch etwa hundert Minuten. Wenn ich jetzt nichts unternahm, war ich mitschuldig am Tod meines Sohnes. Ich ging zum Fenster. Es war eine seidenblaue Novembernacht. Der Mond hing über den Eukalyptusbäumen. Wie ein silbernes Fragezeichen. Da ergriff mich ein Schauder. Ein kalter Schrecken. Ich sprang die Treppen hinunter, stürzte in meinen Wagen und hetzte los. Durch Ben Aknun, El Biar und hinüber nach Bab el Ued. Dort wohnte sie. In einem der Armenviertel am Rande der Khasba. Ich knatterte durch die leeren Gassen. Kam zu ihrem Haus. Hastete hinauf, drei Stufen auf einmal. Ich rumpelte an ihrer Türe. Schrie, sie solle aufmachen. Sie öffnete, angezogen und verschleiert, als habe sie längst auf mich gewartet. In ihrer Hand hielt sie ein Fläschchen, mit einer dunklen Flüssigkeit. Sie folgte mir, und den ganzen Weg sprach sie kein Wort. Sie schaute vor sich hin und drückte das Fläschchen an ihre Brust. Endlich kamen wir an. Vor dem Krankenhaus. Die Parkplätze standen leer. Ich riß den Wagen herum. Stellte ihn quer über die Straße. Das Tor war verschlossen. Ich läutete. Ein schwarzer Wächter schlurfte herbei und sperrte auf. Frau Zaui ging ihm entgegen. Flüsterte etwas auf kabylisch, damit es niemand verstünde und drückte ihm eine Münze in die Hand. Der Wächter nickte bedeutungsvoll. Ließ uns eintreten.

Führte uns durchs Labyrinth der Korridore. Bis zum Saal mit den Brutkästen, wo mein Sohn seine kleine Seele aushauchte. Die winzigen Augen standen offen. Er schien zu schauen. Sein Körperchen war nackt. Elend und hilflos wie ein Mistkäfer auf dem Rücken. Blau angelaufen. Verkrampft.
Was weiter geschah, weiß ich nicht. Eine Ohnmacht hatte mich überwältigt. Ein Schlaf, den ich mir bis heute nicht erklären kann. Vielleicht war es die Müdigkeit. Vielleicht die Angst, an der ekelhaften Zauberei teilzunehmen. Mag sein, daß sie mich einschläferte, um mich loszusein für die Dauer ihres Experiments. Ich kann mich nur erinnern, daß ich träumte und daß mein Traum mich sanft durchrieselte. Ich schwebte über eine Lianenbrücke. Die Umgebung schien mir vertraut. Da war ich schon einmal gewesen. Unter mir stank das schleimige Wasser eines Flusses. Der Oberlauf des Niger, nehme ich an. Paradiesvögel zitterten in der Luft. Zwerghafte Flügelchen am Ende von langen Schweifen. Sie hielten sich am Himmel wie schillernde Helikopter, fast bewegungslos, und gaben zirpende Laute von sich. Hinter mir, am Westufer, zwei Menschenaffen, auf dem Sprung mich zu verfolgen. Sie trugen Offiziersuniformen mit lächerlichen Epauletten. Dem einen hing eine Filmkamera um den Hals. Der andere hieß Klindera, hielt einen Stutzer in der Hand und zielte auf mich, als wolle er mich erschießen. Aber ich fühlte mich frei auf meiner Brücke. Drei Lianenseile führten hinüber. Eines unten für die Füße. Zwei oben für die Hände. Ich hüpfte vorwärts. Blieb stehen. Blickte zurück. Schleuderte Kokosnüsse auf die beiden Bestien, doch ich traf daneben. Jetzt wurden sie wild. Kletterten mir nach. Humpelten hinter mir her, daß die Seile ins Wanken gerieten. Ein paar Dutzend Schritte trennten uns voneinander. Sie kamen näher, noch näher. Es war weit bis zum anderen Ufer, aber dort stand ein Pfau, ein tausendfarbiger Pfau, der das Rad schlug und sang. Eine schwermütige Melodie, die ich irgendwo gehört hatte. Ich mußte kämpfen mit meinen Verfolgern. Es gab keinen Ausweg, doch ich hatte keine Angst. Ich begann zu schau-

keln auf meiner Brücke. Hinauf und hinunter. Noch höher, noch tiefer, bis die Seile zu ächzen begannen und die Verfolger die Flucht ergriffen. Unter mir, im Wasser, eine Herde von Flußpferden. Über mir die Kronen von urzeitlichen Baobabs und dort die zwei, die das Weite suchten. Da erwachte ich. Vom nahen Minarett rief der Muezzin. Es war taghell geworden. Frau Zaui kniete am Boden und verrichtete das Morgengebet. Im Brutkasten lag mein Sohn Mohammed. Er atmete regelmäßig. Seine Haut war wieder glatt und schneeweiß. Seine Hände entkrampft.

Sie hatte gewonnen, aber sie gehörte nicht zu den Frauen, die ihre Erfolge auskosten. Natürlich war sie stolz, doch sie zeigte es nicht. Frau Zaui hatte bewiesen, daß sie mehr konnte als der berühmte Professor Veneziano. Wir hatten ihr verboten, Zauberkünste an uns auszuprobieren. Dann aber mußten wir sie anflehen, es zu tun. Das war ein Schlag für unsere Weltanschauung. Für unsere Überzeugung. Für unseren Glauben an die reine Vernunft. Und trotzdem fühlten wir uns wohl. Glücklicher als vorher. Wir waren um eine Erfahrung reicher. Und um einen Menschen, der in seiner Wiege lag und anfing, sich einzumischen in unseren Alltag. Kersabi kam immer noch zum Essen. Die theologischen Streitgespräche begannen von neuem, als wäre nichts geschehen. Nur hatte sich das Kräfteverhältnis ein wenig verschoben. Zugunsten von Frau Zaui. Der Schnurrbart war vorsichtiger geworden und zeigte einen gewissen Respekt für die Frau, die er so oft verspottet hatte.

Eines Tages im Januar – wir feierten den dritten Monat unseres Sohnes – servierte Frau Zaui einen Tadschin, den wir lustvoll verzehrten. Wie gewöhnlich tranken wir Wein dazu, doch als Kersabi die Flasche ansetzte, hob Mohammed ein solches Geschrei an, daß unser Gast die Flasche sinken ließ und verzichtete. Frau Zaui lächelte vielsagend. Sie drehte sich zu Hanka und fragte unvermittelt:

– Wenn dich dein Mohammed ins Gesicht schlüge, so daß du gegen die Wand stürzt und Blut fließt über dein Gesicht.

Würdest du ihn dann immer noch umbringen?
– Ich habe ihn zur Welt gebracht, Frau Zaui, damit er ein Mensch wird.
– Du würdest ihm die Hände küssen, weil er lebt und nicht tot ist.
– Sie irren sich, erwiderte Hanka, stand auf und ging aus dem Zimmer.
– Sie wird nie wissen, wovon sie redet, sagte Frau Zaui kummervoll.
– Sie weiß es besser als du und ich, antwortete Kersabi, und wortlos löffelten wir unsere Teller leer.

Der Held

Wir holperten durch den großen Schott, den die Algerier Erg nennen. Um uns herum flimmerten Salzseen. Die Welt spiegelte sich in endlosen Tümpeln, die vor uns davon glitten. Der Tag war unwirklich. Von bedrohlicher Durchsichtigkeit, wie ein Fiebertraum. Wie ein Föhnmorgen in den Bergen. Am Horizont tauchten Städte auf. Kuppeln und Minarette. Wälder von Dattelpalmen, die stets entschwanden, wenn wir näher kamen. Wir hofften, noch vor Einbruch der Nacht in El Ued zu sein. Aus verschiedenen Gründen. Mustafa hockte am Steuer. Erschöpft. Nahe am Umkippen, denn er durfte nicht essen. Der Fastenmonat zwang ihn zu hungern. Erst beim Aufgehen des ersten Sterns ging seine Qual zu Ende. Achmed saß daneben und verfluchte mich. Seit Tagen kreuzten wir durch die Wüste. Übernachteten im Zelt. Schlotterten in unseren Schlafsäcken. Weit und breit gab es kein anständiges Bett. Und schon gar keine Frauen darin. *Ich* war an allem schuld. Wie immer. *Ich* hatte die Schnapsidee gehabt mit den Schauspielern. Schauspieler in der Wüste! Das ist, als suchte ich Haifische auf einem Apfelbaum. In El Ued gab es einen Wochenmarkt. Den berühmten Suk el Arba. Leute strömten herbei aus allen Himmelsrichtungen. Brachten Hühner zum Verkauf und Ziegen. Oliven, Datteln, Zitronen. Alle Arten von Gemüse. Es kamen Fellachen, Kameltreiber, Töpfer, Kupferschmiede, Juweliere, Tänzerinnen, Bänkelsänger, Märchenerzähler und Akrobaten. Hier hoffte ich die Schauspieler zu finden für unseren Film. Wo denn sonst? Dieses Volk hatte ein explosives Temperament. Eine blühende Phantasie. Sie glaubten felsenfest an die Märchen, die sie erfanden. An die Lügen, die sie erzählten. Geborene Komödianten. Mein Einfall war gut, das war sicher, aber noch waren wir nicht am Ziel. Der Wochenmarkt fand am Donnerstag statt. Es war Mittwoch. Wenn wir heute nicht ankamen, mußten wir warten. Zeit verlieren. Acht Tage lang, und ich hatte keine Zeit. In Europa lernen wir, keine Zeit zu haben. Im Gegensatz zu den Algeriern, die meinem Treiben verständnislos zuschauten, den Kopf schüttelten und beschaulich weiterträumten. An diesem Mittwoch hingegen waren wir uns einig. So schnell wie möglich nach El Ued. Mustafa, um zu essen. Achmed wegen der Weiber. Und ich, um ein paar Schauspieler zu finden. Eigentlich war ich nur Berater. Den Film machte Achmed. So hatten wir es abgemacht. Doch zu jenem Zeitpunkt war Achmed unansprechbar. Aktionsunfähig. Er halluzinierte. Er sah Frauenärsche, die im Schott umherhuschten. Über den Himmel zogen wie Regenwolken. Bis zum nächsten Puff waren es hundert Kilometer. Wenn alles gutging, waren wir bei Sonnenuntergang am Bestimmungsort. Leider ging alles schlecht. Wir hatten eine Panne. Blieben im Sand stecken. Mustafa zitterte vor Wut. Riß die Motorhaube auf, hämmerte, schraubte und gab Obszönitäten von sich. Achmed studierte die Landkarte. Kalten Haß im Gesicht. Als hätte *ich* das alles eingebrockt. Was konnte ich dafür? Nichts, natürlich. Aber ich fühlte mich schuldig. Ich kletterte auf eine Anhöhe und spähte den Horizont ab. Zwei Meilen von uns – im Süden – lag eine Oase. Das war keine Fata Morgana. Das mußte Gémar sein. Bestimmt war es Gémar, die Weltmetropole »mit Tankstelle und Mechaniker«. Das stand im Reiseführer und mußte wahr sein. Wir machten uns auf den Weg. Flüche auf den Lippen und Verwünschungen. Mustafa brummte, die Panne sei schlimm. Achsschenkelbolzen und so weiter. Wir hatten keine Ahnung, was das war. Ist auch nicht wichtig, zischte er, aber Ersatzteile gibt es erst in El Ued. Die Stimmung sank unter den Nullpunkt.

Der Weg zur Oase schien endlos. Unsere Kleider klebten an der Haut. Wir schleppten uns über den Wüstenpfad und haßten uns gegenseitig. Nach einer halben Stunde sah man das Minarett. Noch zehn Minuten und wir standen vor der Tankstelle. Die Straße war leer. Der Nachmittag stickig.

Staubschwaden hingen über den Palmen. Die Bewohner lagen irgendwo im Schatten. Warteten auf den ersten Stern. Auf die Erlösung durch die Nacht. Um sich aufs Essen zu stürzen. Aufs Trinken. Und auf die Weiber. Aber die Zeit zog sich hin. Bis die Sonne unterging, dauerte es noch lang. Eine Stunde, vielleicht noch länger. Keine Menschenseele war anzutreffen. Wir rüttelten an allen Türen. Machten Lärm. Brüllten durch die Gegend. Keine Antwort. Wir streunten aus. Jeder in eine andere Richtung. Suchten den Mechaniker, von dem der Reiseführer berichtete. Jetzt war ich allein und hatte Gelegenheit, meine Lage zu überdenken. Ich kam zum Schluß, daß ich ein Trottel war, ein unverbesserlicher. Was hatte ich verloren in diesem Dreckloch? Das war doch nicht *mein* Film. Ein Berater war ich. Ein Onkel im Produktionsteam, der gute Ratschläge erteilt und zuletzt den Schuh bekommt, wenn es schiefgeht. Immer beraten! Immer besserwissen und sich verhaßt machen bei den Leuten. Sieben Jahre lang haben sie Krieg geführt. Eine Million Männer sind gefallen, um endlich keine Berater mehr zu haben. Um ihre eigenen Fehler zu machen. Ohne Aufseher, ohne Patrons, ohne fremde Klugscheißer, die ihnen über die Schultern schauen und Zensuren verteilen. Ich saß auf einer Mauer. Kaute an den Fingernägeln. Der Zweifel nagte an meinem Gemüt, und unvermittelt wurde es dunkel. Über den Sanddünen glühte ein blutroter Himmel, der sich violett färbte und dann schwarz. Der erste Stern funkelte auf. Jetzt war es soweit. Meine Gefährten blieben verschwunden, und ich ahnte warum. Ich ging weiter. Suchte den Mechaniker. Wußte schon, daß ich ihn nicht finden würde. Plötzlich horchte ich auf. Hinter der Moschee war etwas los. Katzenmusik jaulte aus einem Keller. Ein Tamburin pochte. Eine Schalmei näselte, und dazu winselte eine Mädchenstimme. So grenzenlos verzweifelt, daß ich hinunterstieg, um zu helfen, falls es notwendig wäre. Das war eine Banditenhöhle. Eine Herberge für Wegelagerer. Ein Wüstenbordell von der untersten Klasse, wo es nach Branntwein stank und ungewaschenen Genitalien. Das Mädchen sang und tanzte zugleich, hatte nackte Kinderbrüste, durchlöcherte Pumphosen, wakkelte mit dem Hintern und warf den Musikanten Handküsse zu. Eine Petrolfunzel flackerte. Im Halbdunkel kauerten Männer. Namenloses Gesindel mit fiebrigen Augen und offenen Mäulern. Sie löffelten eine Pfeffersuppe. Die traditionelle Schorba für die Nächte des Ramadan. Ein Greis schlackste herbei. Wies mir einen Platz an. Auf dem Lehmboden, natürlich. Ich setzte mich, schaute mich um, konnte niemanden erkennen im finsteren Gewölbe. Nur die Musikanten saßen im Licht, die Beine übereinandergekreuzt. Fiedelten, flöteten, trommelten und verschlangen das Mädchen mit gierigen Augen. Hinter der Theke hockte ein Mann, der mich anstarrte. Was wollte er von mir? Kannte er mich? Er war vielleicht fünfundzwanzig. Höchstens dreißig Jahre alt. Seine Haut war grün und schwammig. Einige Haarbüschel sträubten sich auf dem räudig-kahlen Schädel. Seine Augen glotzten uralt, wie diejenigen eines Reptils. Gallertartige Kugeln, die sich nicht bewegten. Er beobachtete mich. Wer war dieser Mensch? Der Wirt, selbstverständlich. Der Inhaber dieses Puffs. Ich war hier zum ersten Mal. Wo waren wir uns schon begegnet? Woher kannte er mich und woher kannte ich ihn? Plötzlich schrillte eine Frauenstimme auf: »Hafid, Wechselgeld!« Der Wirt griff zu den Krücken, hievte sich hoch und hunkerte hinaus. Er hatte Prothesen. Himbeerfarbene Waden aus Plastik, die unter dem Burnus hervorsahen. Zum zweiten Mal gellte die Frauenstimme durch den Keller: »Hafid, du alte Sau. Bring schon das Wechselgeld!« Jetzt erinnerte ich mich. Undeutlich. Wie durch eine Narkose. Schneebedeckte Straßen. Ein nasser Winter. Neunzehnhundertneunundfünfzig. Fünf Jahre zurück. Zweitausend Kilometer im Osten von hier. Auf der anderen Seite des blauen Meers. Ein blitzsauberes Krankenhaus. Chrom, Beton, weiße Kittel. Europa, wie es im Buche steht. Eine Schwester führt mich über weiche Spannteppiche, durch keimfreie Korridore. Es duftet nach Äther und Chloroform. Sie ist liebenswürdig und engagiert. Bringt mich zu den Männern, die sie zu betreuen hat. Um deren Leben sie zittert. Da liegen sie. Fünf in einem Zimmer. Mudschahidin aus Algerien. Schwerverletzte. Hinübergerettet aufs Trockene. Mit Hubschraubern. Rotkreuzflugzeugen. Direkt von der Front. Das Herz der Schwester schlug für die Freiheitskämpfer. Meines auch. Wir wollten, daß der algerische David den französischen Goliath auf den Rücken legt. Wir wollten und glaubten daran. Waren voll von Illusionen. Einer von ihnen hieß Hafid. Er lag gleich bei der Eingangstür und war schön wie ein Erzengel. Ich war hingerissen. Wollte einen Film machen über ihn. Über den Erzengel, der, so meinte ich, ein Prototyp der neuen Menschheit war. Er sollte die Herzen erobern. Werben für die Sache seines Volkes. In ganz Europa! Er hatte lange Wimpern und die Augen eines Prinzen. Das war mein Held, aber ich konnte nicht reden mit ihm. Er sprach nur den Berberdialekt des Südens. Darum fragte ich die andern nach ihm aus. Einer sprach fließend französisch. Drei konnten sich verständlich machen, und sie erzählten mir, was sie wußten. Was ich hörte, stimmte mich nachdenklich.

Er war ein Messerschlitzer. Der gefürchtetste Messerschlitzer zwischen Blida und Bufarik. Am Tag seiner Volljährigkeit erschien er beim Major und legte ein Ohr auf den Tisch. Das hundertelfte seit einem Jahr. Der Major drückte ihm die Hand und beförderte ihn. Zum Soldaten der Volksarmee. Bisher war er nur Fidaj gewesen. Ein »Rächer«, der beweisen mußte, daß er Mut hatte. Daß man ihm vertrauen konnte. Die Probezeit hatte er bestanden. Mit Bravour, möchte man sagen. Mit hundertelf abgehackten männlichen Ohren. Frauenohren schlitzte er nicht, denn er war von zärtlichem Gemüt. Das ist kein Scherz. Hafid hatte den Charakter eines Mädchens. Sah aus wie der Emir aus Tausendundeiner Nacht. Feingliedrig und weich in seinen Bewegungen. Das sollte ein Kämpfer sein? Er verliebte sich in seine Opfer. Blickte ihnen, wie er behauptete, auf den Grund der Seele.

Studierte sie, bevor er das Urteil vollstreckte. Das Urteil hatte nicht er ausgesprochen. Nein, die Brüder vom Volksgerichtshof. Er führte nur aus und litt Höllenqualen. Er hatte Mitleid mit den Verrätern. Erbarmen packte ihn, wenn er bedachte, was für ein Hundeleben sie führten. Kein einziger, fand Hafid, verdiente das Messer, mit dem er verstümmelt wurde. Vielleicht politisch, im Interesse der höheren Sache. Aber nicht als Mensch. Als Sohn einer Mutter. Als Geschöpf des Allmächtigen. Wir alle sind Sünder, pflegte er zu sagen. Keiner hat das Recht zu richten. Seine Aufgabe begann ihn abzustoßen. Er billigte sie mit dem Verstand, sein Bauch sagte nein. Seine Eingeweide bäumten sich auf. Aber es war ihm klar, daß man hart sein mußte im Krieg. Daß der Befreiungskampf kein Gesellschaftsspiel war. Daß seine Tätigkeit dem Vaterland diente. Aber Hafid hatte keinen Vater und schon gar kein Land. Er war ein Bastard. Hustete nervös, wenn jemand von Vaterland sprach. Seine Zweifel schluckte er herunter und tat, was man ihm befahl. Er schlitzte Ohren ab. Je stärker seine Schuldgefühle, desto skrupelloser ging er vor. Das mußte so sein. Ein Memento für die Hundesöhne. Eine Warnung für die Würmer, die den Boykott mißachteten und französische Zigaretten rauchten. Die Befreiungsfront hatte es verboten, doch sie rauchten weiter. Spuckten auf die Disziplin des Volkes. Mußten also bestraft werden. Hafid verstand das alles. Es war nötig, aber nicht gottgefällig. Es machte ihn krank. Er bekam einen Ausschlag im Gesicht und mehrmals ging er zum Major, um eine andere Aufgabe zu erbitten. Der Major lachte ihn aus und zeigte ihm das heilige Buch, in dem ausdrücklich geschrieben steht »Du sollst nicht töten«. Das ist alles, sagte der Major, vom Messerschlitzen steht da nichts drin. Niemand verbietet dir, die Ohren des Feindes abzuhacken! Das stimmt, erwiderte Hafid, aber wer weiß, ob der Feind wirklich ein Feind ist? Vielleicht ist er nur ein Mensch.

Wie kann man Krieg führen mit so einer Haltung? Hafid behagte mir immer weniger. Er entsprach nicht dem Bild, das ich mir von einem Erbauer der neuen Welt machte. Immer häufiger überkam ihn Übelkeit, wenn er des Morgens sein Messer wetzte. Ein Mudschahid hat es besser. Legt eine Bombe und verschwindet. Sechzig Leute krepieren, werden in Fetzen gerissen, aber er kennt sie nicht. Er hat sie nicht eigenhändig umgebracht. Weder erdolcht noch erschossen. Wenn seine Bombe platzt, ist er längst über alle Berge. Der Mudschahid hat saubere Hände. Tötet ohne zu töten. Der Allmächtige kann ihm nichts vorwerfen, denn das Paket geht in die Luft ohne sein Zutun. Elektrisch. Automatisch. Durch ein Uhrwerk. Und manchmal geht es überhaupt nicht in die Luft. Wer seinen Opfern nicht in die Augen schaut, ist kein Mörder. Ein Mudschahid müßte man sein. Auch wenn die Leute ihn verabscheuen. Die öffentliche Meinung ist gegen ihn, denn er kämpft mit verbundenen Augen. Blind wie das Schicksal. Ungerecht wie der Tod. Unschuldige Kinder müssen dran glauben. Schwangere Weiber und Kranke. Das Volk ist auf seiten der Toten. Die Toten haben immer recht, auch wenn es Schurken waren oder Spitzel. Du sollst nicht töten; sagt Allah, und das steckt tief. Hafid kann kein Blut sehn. Die Ohren in seiner Tasche sind ihm ein Graus. Doch das Volk bewundert ihn, mit einer Spur von Entsetzen, aber es billigt sein Handeln. Ein Ohr ist kein Leben, heißt es, und außerdem ist es nützlich, den Verrätern ein Zeichen einzuschlitzen. So erkennt man sie leichter. Auf der Straße. Im Hausgang. Auf dem Markt. Man kann ihnen aus dem Weg gehn. Sagt ihnen nichts Unvorsichtiges. Achtung, denkt jeder, dem fehlt ein Ohr, der steht auf der anderen Seite.

Hafid schielt. Man merkt es nicht, aber er hat einen queren Blick. Er sieht zwei Bilder auf einmal. Seit frühester Kindheit. Er verzeiht dem Bösewicht und mißtraut dem Tugendbold. Und umgekehrt. Warum wohl, frage ich mich. Vielleicht, weil er ein Bastard ist. Ein Uld el Chram, ein Kind der Schande. Was kann ich für die Schande meiner Mutter? Und was kann meine Mutter für das Kind, das ihr ein Mistbock in den Leib gespritzt hat? Man hat sie gelehrt, den Männern

zu gehorchen. Nichts hat man ihr beigebracht, weder lesen noch schreiben. Nur eines: den Männern zu gehorchen. Sie hat gehorcht, und das ist ihre Schande. Die Schande ist erblich. Ich habe sie übernommen. Wo ist die Gerechtigkeit? Hafid sieht zwei Bilder übereinander. Das macht ihn wankelmütig. Und vor allem zwielichtig. Vielleicht ist er ein guter Mensch, aber ein Soldat ist er nicht. Ein Messerschlitzer mit Seele. Ein barmherziger Rächer. Psychologisch interessant. Ein Leckerbissen für meine gepflegten Kollegen. Für mich war er eine Niete. Ungeeignet für meinen Film. Er gehörte weder in den Himmel noch in die Hölle. Er hatte eine Braut und schmolz vor Sehnsucht nach ihr. Er zeigte mir ihr Bild. Am Tag nach der Amputation, als man ihm beide Beine abgenommen hatte. Wundbrand bis zu den Knien. Er schrie und tobte, wollte sterben, brüllte, mit den Beinen werde er seine Braut verlieren. Das ist sie, stöhnte er. Sie heißt Najma, eine Scheherezade. Eine Frühlingsblume. Blütenstaub in den Augen. Sie wird sich abwenden, wenn sie erfährt, daß ich halbiert bin. Sie wird zehn Tage lang klagen. Um meine Männlichkeit, um mein Fleisch, um meine Beine. Dann wird sie heiraten. Einen, der noch ganz ist. So sind die Menschen. Das Leben hat keinen Sinn mehr. Gebt mir eine Spritze! Ich kann nicht. Ich habe genug.
Wehleidig war er. Wehleidig und windelweich. Trotzdem faszinierte er mich. Ich wollte mehr erfahren, auch wenn ich die Lust verloren hatte, einen Film über ihn zu drehen. Er hingegen setzte seine ganze Hoffnung in meinen Film. Er wollte zum letzten Mal ein Held sein. Die obere Hälfte seines Körpers wollte er retten. Für die Unsterblichkeit. Für künftige Generationen. Für Najma, die den Film sehen würde und weinen. Er wollte sterben und weiterleben zugleich. Das war unmöglich. Ein Held ist anders. Ein Held zweifelt nicht an seinem Ziel, sagte ich mir. Wenn alle Algerier wären wie er, hätten die Franzosen den Krieg gewonnen. Das war mir klar. Ich bin zwar auch kein Held. Ich würde es nie über mich bringen, jemandem ein Ohr abzuschneiden. Ich wäre unfä-

hig, eine Bombe zu legen. Nicht aus Großmut, sondern aus gewöhnlicher Feigheit. Warum wollte ich also, daß Hafid anders sei? Besser als ich? Mutiger und rücksichtsloser? Vielleicht aus Ekel über mich selbst. Ich ging mir auf die Nerven. Ich war wohlgenährt und führte ein bequemes Dasein.

Etwas schien mir besonders ärgerlich. Die vier Gefährten verurteilten ihn nicht. Sie übersetzten seine Worte, erzählten seine Geschichte, doch ohne einen Schatten von Mißbilligung. Etwas stimmte nicht. Durch die Hölle waren sie gegangen. Jeden Tag spielten sie mit ihrem Leben. Hatten Tod und Teufel ins Auge geschaut. Da gab es ein Mißverständnis, aber welches? Ich stellte ihnen die Frage, wie ihre Heimat denn einmal sein werde, nach dem Sieg des Volkes über seine Unterdrücker. Da antwortete der, der französisch sprach: »Wie Hafid wird sie sein. Wird auf Krücken gehn. Kaputt bis ins Herz und mit traurigen Augen!«

Hundertelf Ohren hatte er abgeschlitzt. Hundertelf Heldentaten. Mich interessierte die letzte. Hafid erzählte: Meine letzte Heldentat, das war ein Fernfahrer aus Algier. Er machte die Strecke nach Tamanrasset. Zweitausend Kilometer hin, zweitausend zurück. Viermal im Monat. Weißt du, warum er rauchte? Um nicht einzuschlafen. Ganz einfach. Französische Zigaretten waren verboten. Volksboykott. Aber halb so teuer wie die andern. Der Mann hieß Lakhdar. Hatte dreizehn Kinder. Eine Unglückszahl. Wenn er einschlief, stürzte er in eine Schlucht. Er mußte rauchen, um nicht zu sterben. Verbotene Zigaretten. Ein Verräter, der kein Recht hatte weiterzuschnaufen. Lakhdar rauchte, trotz Boykott, um wach zu bleiben. Wollte wach bleiben, um nicht in eine Schlucht zu stürzen. Wollte nicht in die Schlucht stürzen, weil er Kinder hatte. Dreizehn Stück, und die mußte er füttern. Darum wurde er verurteilt. Darum mußte ich ihm ein Ohr abhacken. Er war der letzte auf der Liste, und ich fuhr nach Bu Saada, um das Urteil zu vollstrecken. Da gibt es eine Tankstelle. Die einzige vor Laguat und das war vierhundert Kilometer im Süden. In Bu Saada mußte er Benzin füllen. Ob er Lust hatte oder nicht. Tee würde er trinken. Etwas ausruhen. Er konnte gar nicht anders. Ich wartete drei Tage. Eines Morgens kam er angerattert. Alles lief ab, wie vorausgesehen. Ich knüpfte ein Gespräch an. Er war redselig. Klopfte lustige Sprüche. War ausgesprochen sympathisch. Dann fragte ich, ob er mich mitnähme; ich müsse nach Scherschell. Klar, sagte er. Steig ein und mach's dir bequem. Wir rollten über Bugsul in Richtung Medea, verstanden uns ausgezeichnet. Meine Lust, ihn zu entstellen, verging wie Schnee in der Sonne, und ich schwor mir, daß er mein letztes Opfer sein würde. In der Gegend von Boghari wurde es eintönig. Lakhdar zündete eine Zigarette an. Jetzt mußte ich ihn strafen oder nie. Ich zeigte ihm das Bild von Najma. Er sagte, sie sei schön wie der Abendstern. Warum war er so angenehm, der Schweinehund? Ich mußte das Urteil vollstrecken. Ich werde ein Held, dachte ich, und Najma wird mich heiraten. Eines Tages wird sie erfahren, daß ich keinen Vater habe, wie der Kamelmist auf der Straße. Aber sie wird mich nicht verachten, weil ich tapfer war im Krieg. Und herzlos. Das zuckte mir durch den Kopf. Im Bruchteil eines Augenblicks. Ich riß mein Messer aus dem Hemd. Hielt es ihm vor die Gurgel, befahl anzuhalten. Er wurde bleich und bremste. Dreizehn Kinder hatte er. Eine ganze Sippe von Hungerleidern. Ich stellte mein Gewissen ab. Dachte an meine Schande. An Najma, schlug zu. Schlug das Ohr ab und wikkelte es in ein Tuch. Meine Schuld war es nicht. Lakhdar rauchte die Zigaretten des Todfeinds. Also war er ein Verräter. Allah wird mir verzeihen. Ich riß die Wagentür auf und rannte davon. Quer durch die Felsen. Das Ohr in der Hosentasche. Beweis meiner Courage. Meiner letzten Heldentat als Fidaj.

Hafid wurde befördert. Für Lakhdars Ohr und hundertzehn andere Ohren. Nun war er Mudschahid, Freiheitskämpfer der Volksarmee. Jetzt durfte er Bomben legen. Irgendwo. Er brauchte keine Liste, keine Namen und keine Adressen. Er ging zum Major und erinnerte ans heilige Buch. Dort steht

»Du sollst nicht töten«. Hast es selber vorgelesen, oder nicht? Der Major grinste wie immer und schlug den Koran auf. Sechste Sure, Vers hundertzweiundfünfzig: »Du sollst nicht töten, außer wenn es die Gerechtigkeit fordert.« Verstehst du, oder bist du ein Holzkopf? »Außer wenn es die Gerechtigkeit fordert.« Wir sind die Richter. Wir sind gerecht und fordern Gerechtigkeit. Oder bist du dagegen? Dann verschwinde und komme nicht wieder! Du weißt, was wir machen mit Verrätern! Hafid war zufrieden. Nicht daß er glaubte, was der Major sagte, dazu war er viel zu schlau. Aber er hatte ein Argument. Zu seiner Verteidigung vor dem Jüngsten Gericht. Das beruhigte ihn.

Am 14. Juli 1959 erhielt er den Befehl, das Rialto in die Luft zu sprengen. Ein Kino mitten in Algier. Um 15 Uhr 45, wenn der Saal voll war von Franzosen, die den Nationalfeiertag sitzend begingen. Hingeschlackst in bequemen Sesseln, Eiskrem lutschend und sorglos. An jenem Tag stolperte er über seinen mädchenhaften Charakter. Sein Herz wurde ihm zum Verhängnis.

Er soll ausgesehen haben wie noch nie. Tadelloser Anzug. Weißes Hemd. Bunte Krawatte aus Kunstseide. Ein Zuhälter von Pigalle, hätte man gemeint. Die Verkleidung war nötig. Anders hätte man ihn gar nicht eingelassen. Er ging zur Mittagsvorstellung. Um ein Uhr. Löste eine Karte und betrat den Saal, der halb leer war. Unsicher war er, wie alle Makacken. Die rechte Hand in der Hosentasche. Er setzte sich auf seinen Platz. Das Licht ging aus, und der Film begann. Eine törichte Geschichte, für kindische Gemüter. Hafid harrte aus. Sogar in der Pause. Er kaufte einen Schokoladestengel, packte ihn aus, ließ ihn fallen, bückte sich, um ihn aufzuheben, gelöst. Vollkommen unauffällig. Kein Mensch konnte ahnen, daß Hafid etwas abgelegt hatte unter dem Sitz. Ein braunes Päckchen auf den braunen Boden. Darin tickte ein Uhrwerk, aber so leise, daß es nicht zu hören war. Der Film kroch dem Ende entgegen, bis endlich die Musik anschwoll. Die Leute erwachten aus ihrem Halbschlaf. Die Ausgänge wurden geöffnet, die einen kehrten nach Hause zurück, die anderen setzten sich in ein Straßencafé, um etwas Kühles zu trinken. Nur Hafid blieb in der Nähe. Strich um den Block herum, denn er mußte kontrollieren, ob alles klappte. Um drei Uhr 45 mußte es passieren. Vor der Kasse stand jetzt eine lange Schlange. Männer, Frauen, forsche Offiziere. Alle waren feiertäglich aufgeputzt. Und da wartete auch eine Schulklasse. Vierzig Mädchen in Begleitung eines Priesters. Sie waren kaum zwölf Jahre alt. In einer Stunde würden sie in Stücke zerfetzt. Unschuldige Kinder mußten sterben, weil sie zur Herrenrasse gehörten. Zu den Unterdrückern, obwohl sie noch niemanden unterdrückten. Was konnten sie dafür, daß sie in französischen Häusern zur Welt gekommen waren? So viel wie Hafid, der als Bastard geboren worden war. Hatte das alles einen Sinn? Natürlich hatte es einen. Jeden Tag wurden Algerier zu Tode gefoltert, kabylische Dörfer zusammengewalzt. Der Feind mußte erfahren, daß seine Bäume nicht in den Himmel wachsen. Daß die Namenlosen sich wehrten. Einverstanden. Aber diese Kinder folterten niemand. Jetzt drängten sie ins Kino hinein, aus dem sie nicht mehr herauskommen würden. Das Paket lag unter einem Sitz. Das Uhrwerk tickte.

Ich gebe zu, daß es qualvoll ist, eine Bombe platzen zu lassen und zu wissen, wer ins Gras beißen wird. Vierzig Mädchen gesehen zu haben, die zu den Opfern gehören. Man könnte zwar streiten über Schuld und Unschuld. Aber ganz unschuldig waren auch diese Kinder nicht. Sie wurden herangezüchtet, die Herrschaft ihrer Eltern weiterzuführen. In ihren Augen lag schon der Hochmut. Die Distanz zu den Unterhunden, die Achmed heißen oder Mohammed und keinen Familiennamen besitzen, weil sie als Niemand zur Welt gekommen sind und als Niemand sterben werden. Zwölf Jahre alt waren die vierzig Mädchen, doch sie gehörten bereits zum großen Mechanismus. Instinktiv. Sie konnten befehlen, bevor sie noch lesen gelernt hatten und schreiben. In ihrer Stimme drohte schon ein Unterton, der keinen Widerspruch duldet. Hinter diesem Unterton stand die französische Armee. Die Atombombe, die im Zentrum der Sahara gezündet wurde. Die Fremdenlegion und eine ruhmreiche Vergangenheit. Hafid schielte stärker denn je. Er hatte Gründe für und wider das braune Paket. Doch er war ein Mudschahid und mußte gehorchen. Als Soldat hat man nur zwei Möglichkeiten: schlagen oder geschlagen werden. Wer nicht tötet, wird getötet. Er dachte. Dachte zuviel und kam zum Entschluß, die Höllenmaschine herauszuholen. Die vierzig Kinder zu retten, weil Kinder heilig sind. Er kam zum Entschluß, das ist nicht der treffende Ausdruck. Eine Bremse kreischte auf in seinem Gewissen. Ein rotes Licht blinkte in seinem Kopf, und er ging zur Kasse, um zum zweiten Mal eine Eintrittskarte zu lösen. Nur, ein Algerier in einer französischen Vorstellung. Das fällt auf. Besonders am Nachmittag eines vierzehnten Juli. Mitten im Krieg. Am Nationalfeiertag, wenn der Haß gegen die andern, die Wut über die Feinde des Vaterlands, am heißesten sind. Das Fräulein am Schalter bemerkte ihn. Sie zwinkerte dem Platzanweiser zu, der Platzanweiser dem Hausdetektiv, und Hafid wurde beobachtet.

Es bleibt mir ein Rätsel, wie er es trotzdem schaffte. Der Saal war ausverkauft. Lauter Franzosen besetzten die Plätze, Hafid war die Ausnahme. Feindselige Blicke von allen Seiten. Wie war es ihm gelungen, sich durch die Reihen zu drängeln, das bewußte Paket zu finden, es hervorzuangeln? Eine Tür zu erreichen und sich davonzumachen, ohne geschnappt zu werden? Unglaublich, diese Geschichte! Der Platzanweiser hatte die Polizei alarmiert. Ein Streifenwagen war herbeigerast. Vier Männer stürzten ins Kino, um Hafid festzunehmen. Doch im Moment ihres Eintreffens stahl er sich gerade durch einen Notausgang, und sie mußten hinter ihm herrennen. Ein Zeuge hatte gesehen, wie er das Päckchen in ein Kanalloch schmiß. Ein zweiter, daß er in einem Hausgang verschwunden war. Die Polizisten wollten ihn verfolgen, doch da erbebten die Häuser. Scheiben klirrten. Schreie schrillten durch die Straße. Hafids Höllenmaschine war los-

gegangen. Genau um viertel vor vier. Ein Chaos brach aus. Doch bald wurde offenbar, daß der Flüchtige niemanden getötet hatte. Umgekehrt. Fünfhundert Kinobesucher verdankten ihm das Leben.
Da geschah das, was man Schicksal nennt. Zwei junge Frauen erkannten ihn auf dem Dach eines Supermarkts. Und da der Volkszorn an Nationalfeiertagen höher schlägt als sonst, da Hafid ganz offensichtlich ein Päckchen ins Kanalloch geworfen hatte, da er also ein Terrorist sein mußte, richteten die vier Männer ihre Maschinenpistolen auf Hafid und feuerten, bis sie ihn trafen. Ins rechte Schienbein und durch den linken Knöchel. Zwei abgeschliffene Projektile. Dumdumgeschosse, die das Fleisch zerfetzen. Kurz darauf wurde er abtransportiert. Doch niemand wollte sich zu ihm bekennen, weder die Franzosen noch die Algerier. Für die einen war er ein mutmaßlicher Terrorist. Für die anderen ein mutmaßlicher Verräter. Das Rote Kreuz nahm sich seiner an und brachte ihn nach Europa, in jenes Krankenhaus, wo ich ihn kennenlernte und einen Film drehen wollte über ihn, über sein Leben, über sein Mißgeschick. Das war der Hafid des Jahres 1959. Der Hafid von 1964, der Puffinhaber von Gémar, die alte Sau mit dem Wechselgeld, war ein anderer. Oder vielleicht der gleiche. Angenommen er war der gleiche. Wie wird ein Fidaj zum Bordellwirt? Heute weiß ich, daß alles möglich ist. Er wollte ein Held sein, um die Schande von sich abzuwaschen. Um das Herz seiner Scheherezade zu erobern. Dabei verlor er beides; die Beine und die Braut.
Jetzt humpelte er zurück, der Hafid von Gémar. Nicht allein, sondern mit meinen Kollegen. Mit Achmed und Mustafa, die ihren ersten Hunger gestillt hatten. Sie waren wieder ansprechbar und hatten ihr Wechselgeld. Sie fragten, ob ich einen Mechaniker gefunden hätte. Als ich verneinte, gingen sie hinaus, um ihn zu suchen. Ich blieb, saß auf dem Boden. Wie unter Hypnose, denn Hafid starrte mich an. Noch bohrender als vorher. Er wartete, aber ich konnte nicht sprechen. Schließlich brachte ich ein Wort hervor. Ein einziges:

Najma! Da lösten sich seine Züge, entkrampften sich, und seine Augen wurden feucht, verschwammen. Ich hielt es nicht länger aus und ging hinaus, in die samtene Nacht der Oase. Wir fanden unseren Mechaniker. Er folgte uns in die Sanddünen und reparierte den Wagen. Es war Mitternacht, als wir in El Ued ankamen.

Ich und die Menschenfresser

An den dampfigen Ufern des Rio Nuniez liegt eine Kreisstadt namens Boké, die bis nach Boffà hinunterstinkt, also mehr als 40 Kilometer weit. Kreisstadt! Das ist ein Adelstitel für so einen Müllhaufen. Ich frage mich ernsthaft, wozu Leute mit Verstand dorthin fahren, wenn es keinen zwingenden Grund gibt. Doch nicht um das verdammte Postamt zu besichtigen und seine zehn Millionen Schmeißfliegen. Oder das katholische Missionshaus, das aussieht wie eine Zuckertorte. Oder den Gedenkstein zu Ehren des René Caillé, der 1827 von Boké aufbrach, so heißt es auf der Marmorplatte, um quer durch Urwald und Savanne bis nach Tombuktu vorzudringen. Ich begreife den braven Mann, an seiner Stelle wäre ich bis zum Nordpol vorgedrungen, um das gottverdammte Kaff nicht mehr sehen zu müssen. Wer hatte nur den Einfall, eine Straße zu bauen, auf der Boké von Südwesten her zu erreichen ist? Wozu von Südwesten und wieso überhaupt? Die Zufahrt sieht aus wie ein vertrocknetes Flußbett, wo die Skelette von Lastautos und Baumaschinen in der Sonne verrotten.

Boké hat sechstausend Einwohner, von denen nur fünfundfünfzig zu Gott beten. Die anderen sind Animisten und haben Gepflogenheiten, von denen wir noch reden werden. Die eigentliche Sehenswürdigkeit ist das Kreisgericht, dessen bessere Tage längst vorüber sind. Es gab bessere Tage, das kann ich bezeugen, denn ich bin selber dortgewesen. Das Abenteuer in Boké verdanke ich meinem damaligen Vorgesetzten. Man sagte, er sei ein Hanswurst, und ich bin geneigt, diese Meinung zu teilen, obschon ich nicht ganz sicher bin. Schon sein Name war eine Komödie. Er hieß Emil Tompapa. Er konnte lesen und schreiben, was zu jenen merkwürdigen Zeiten genügte, um in Guinea Rundfunkdirektor zu werden. Ich sage nicht, daß er dumm war. Im Gegenteil. Er war listig und manchmal sogar verschlagen. Ein Ränkespieler, hieß es,

dem man besser nicht über den Weg traut. Darum fragte ich mich immer wieder, zu welchem Zweck er mich damals nach Boké geschickt hatte, in dieses Sumpfloch im Arsch der Welt. Er hatte den Auftrag, die Herzen der Eingeborenen mit Musik zu berieseln. Mit zurechtfrisierten Informationen und unverbindlichen Reportagen. Mit der Musik gab es keine Schwierigkeiten. Der Rest hingegen bereitete ihm Kopfzerbrechen. Man brauchte Redaktoren, Sprecher, Reporter, und da man sie nicht hatte, ließ man Entwicklungshelfer kommen, um sie heranzubilden. Für die Reporter war *ich* zuständig. So schickte mich dieser sonderbare Mensch in einen Bezirk, der im Blauen Reiseführer folgendermaßen charakterisiert wird: »Eine der seltenen Gegenden Äquatorialafrikas, wo die Menschenfresserei noch reichlich verbreitet ist.« Ermutigend war das nicht. Was wollte er also von mir, dieser Tompapa? Ich konnte meine Reporter auch anderswo ausbilden. In Cancan oder Kindja zum Beispiel, wo die Menschenfresserei weniger verbreitet war. Hatte er geheime Absichten? Jedenfalls fragte ich ihn unumwunden, was ich in Boké tun sollte. Er antwortete ebenso unumwunden: Was du tun sollst? Deine Arbeit! Reportagen über das Leben. Leute sollst du ausbilden. Ihnen zeigen, wie man es macht. Und als ich wissen wollte, worüber wir denn Reportagen machen sollten, das Leben sei ein dehnbarer Begriff, erwiderte er, es sei ihm vollkommen egal, solang wir ihm keine Scheißereien bereiteten.
Das war deutlich. Und undeutlich zugleich. Ich bat um Einzelheiten. Da zündete er sich eine Zigarette an und sagte mit bösem Flackern in den Augen: Keine Scheißereien, du verstehst mich genau, sonst fresse ich dich auf!
Ich fuhr also nach Boké, und es war mir klar, daß meine Reportagen so harmlos sein sollten, wie nur irgendwie möglich. So zahm wie der Furz einer Ameise. Die Redensart stammt aus der Sussusprache. Sie beinhaltet, daß man zwar knallen darf, aber leise. Bitteschön. Ich beschloß, im besagten Kaff das Kreisgericht aufzusuchen. Kriminalfälle sind

immer interessant und stören niemanden. Ich ging also hin, um zu erfahren, ob etwas los sei. Es war etwas los.
Eine gewisse Frau Diop, wohnhaft in Boké, Mutter von neun Kindern und Gattin des berüchtigten Schürzenjägers Abdulaj Diop, stand unter Anklage, den sechs Monate alten Säugling ihrer Nachbarin aufgefressen zu haben. Nicht mehr und nicht weniger. Der Furz einer Ameise. Sensationell, aber unpolitisch. Der Fall kompromittierte weder die nationale Revolution noch den Staatspräsidenten. Der Prozeß war für den 1. Februar 1961 anberaumt. Der Gerichtssaal bestand aus einem Tisch, einer Glocke, einer Bank für das hohe Gericht und zweihundert schäbigen Stühlen für Zeugen und Publikum. Die vier Wände waren von Termiten zerfressen, und an jeder hing ein Riesenbild des »Führers der Nation«. Die Temperatur betrug 45 Grad im Schatten. Es roch nach Aas und faulen Fischen. Trotzdem ging es lustig zu. Auf jedem Stuhl saßen zwei bis drei Personen. Kautschukpflanzer, Jäger, Hirsebauern, Lastenträger und Weiber jeden Alters, die sich lüstern herbeidrängten, um das Spektakel mitzuerleben. Verständlich. Es gab noch kein Fernsehen in Guinea, und jedes Volk hat ein Anrecht auf Unterhaltung. Ich war da, mit meinen vierundzwanzig Lehrlingen und einem tragbaren Tonbandgerät, das noch mehr Aufsehen erregte als die Menschenfresserin. Sie saß auf der Anklagebank und bohrte in der Nase. Meine Anwesenheit schien ihr gleichgültig zu sein. Nur meine Maschine störte sie über alle Maßen, da sie ihr ganz offenkundig die Show stahl. Eines war mir klar. Von allem Anfang an. Frau Diop hatte den Knaben nicht aus Hunger gefressen. Keine Tragödie aus der Dürrezone des Sahel. Keine Verzweiflungstat einer Flüchtlingsmutter aus Biafra. Eine hundsgewöhnliche Eifersuchtsgeschichte, wie sie in Zürich hätte passieren können oder New York. Frau Diop hatte aus verletzter Eigenliebe gehandelt. Um sich an ihrer Rivalin zu rächen und sie zu strafen. Es gab natürlich einige Fragen. Warum hatte Madame Diop nicht ihre Gegenspielerin verzehrt? Die Rache wäre süßer gewe-

sen. Oder ihren ungetreuen Ehegatten?
Die Nebenbuhlerin saß in meiner nächsten Nähe und demonstrierte Trauer um das gefressene Kind. Gleichzeitig strahlte sie vor Stolz, im Mittelpunkt des öffentlichen Geschehens zu stehen. Ein Leckerbissen war sie nicht, ich meine vom kulinarischen Standpunkt aus, aber ich konnte mir vorstellen, daß der Schürzenjäger einige vergnügliche Augenblicke mit ihr verbracht hat.
Der Richter kam aus Paris, war Kandidat der Rechte und Mitglied der kommunistischen Partei Frankreichs. Er trug eine Brille und drahtige Borsten auf dem Kopf. Messerscharfe Logik strahlte von seiner Nase aus und eine melancholische Verständnislosigkeit für alles, was hier geschah. Als er die rituelle Frage stellte, ob es wahr sei, daß die Angeklagte den halbjährigen Kejta Bangui verzehrt habe, erwiderte diese bereitwilligst: Jawohl, das ist wahr! Mit dieser Auskunft war das Gerichtsverfahren theoretisch beendet. Weitere Erhebungen schienen überflüssig. In Wirklichkeit aber fing die Geschichte erst richtig an. Doch muß ich zuerst erklären, warum ich bei diesem Geständnis nicht einfach vom Sessel kippte. Ich hatte nämlich zu jenem Zeitpunkt schon gewisse Erfahrungen auf dem Gebiete der Menschenfresserei. Ich verdankte sie ebenfalls meinem Prinzipal, dem unvergleichlichen Emil Tompapa. Er hatte ausdrücklich verfügt, daß ich vor Antritt meiner Ausbildungstätigkeit eine Rundreise unternähme, um Land und Leute kennenzulernen. Zu diesem Zweck und um mich eine Zeit lang loszusein, schickte er mich nach Kissidugu, tausend Kilometer weiter im Südosten, wo gerade ein historischer Kongress der Einheitspartei zelebriert wurde. Wegen des Kongresses wäre ich nicht einmal vor die Haustüre getreten, aber die Aussicht, das paradiesische Hochplateau des Niger zu durchqueren, versetzte mich in einen Zustand von Euphorie. Emil geleitete mich auf den Flugplatz, erteilte mir praktische Ratschläge und versicherte, bei meiner Ankunft werde ich vom Militärkommandanten abgeholt. Ich war naiv und glaubte

ihm jedes Wort. Dann kletterte ich ins Flugzeug. Ich war der einzige Passagier, als wir uns in die Lüfte hoben. Die Reise dauerte fünf Stunden. Von Düsenflugzeugen wußte man damals noch wenig. In Äquatorialafrika überhaupt nichts. Wir summten behaglich über die Wildnis von Forekaria, die krokodilgrünen Hänge des Futa Dschallon, die verschlafenen Nebenflüsse des Maffù. Irgendwo hetzten Elefanten durch eine Waldschneise. An einem Schilfsee weideten Büffel, leichtfüßige Antilopen, Herden von bunten Affen. Es begann schon zu dämmern, als wir uns der Schleife von Njandu näherten. Die ersten Lichter funkelten schon. Wir kreisten über Kissidugu. Dort tagte der historische Kongreß der Einheitspartei, und der Militärkommandant wartete, wie ich annahm, auf meine Ankunft. Emil hatte es mir versprochen. Also mußte es wahr sein. Das Flugzeug ging nicht in der Stadt nieder, sondern auf einer Lichtung des Urwalds. Der Steward ließ eine Strickleiter hinunter und hieß mich aussteigen. Dann warf er eine Rolle von Leitungskabel auf die Landepiste. Er gab das Zeichen zum Weiterflug. Die Maschine keuchte empor und verschwand in Richtung Nzérékoré am Dreiländereck zwischen Liberia, Sierra Leone und Guinea. Eine Staubwolke wirbelte über die Kokospalmen, und ich war allein. Das nächste Flugzeug in vierzehn Tagen! Es wurde Nacht. Die Hitze des Tages verwandelte sich in die dumpfe Schwüle eines Dampfbads. Keine Menschenseele weit und breit. Kein Haus, keine Baracke, nicht einmal ein Radarmast. Ich malte mir aus, daß der Militärkommandant bei seinen Weibern lag. Er hatte wohl überhört, daß ich kommen sollte. Er pfiff mir eins und vergnügte sich anderwärtig. Ein Mittel, ihn zu verständigen gab es nicht. Es blieb nur die Hoffnung, daß sonst jemand vorbeikäme, aber diese Hoffnung war gering.

Was hatte er denn gegen mich, dieser Tompapa. Das alles war doch kein Zufall. Ich stand allein auf einem gottverdammten Landeplatz, mitten im Urwald, am Ende der Welt. Ich wagte nicht einmal, mich hinzusetzen, weil ich Angst hatte, vor Schlangen und Taranteln und Giftkröten. Er hatte nicht telefoniert, dieser Spitzbube. Angelogen hatte er mich. Aber wozu? Er mußte wissen, daß mein Linienflugzeug bei Anbruch der Dunkelheit in Kissidugu ankommen würde. Daß dieser Flugplatz unbewohnt war und daß es mein Tod wäre, wenn niemand eintraf, um mich abzuholen. Ich stand ihm doch nicht im Wege. Ich bedrohte weder sein Ansehen noch strebte ich nach seiner Stellung, die ich als Ausländer ohnehin nicht bekommen könnte. Ich war ein ungefährlicher Entwicklungshelfer. Nach Beendigung meines Auftrags würde ich verreisen. Für immer. Und trotzdem war ich ein Stachel in seiner Seele. Oder bildete ich mir das nur ein? Die Vögel kreischten. Tiere brüllten durch die Nacht. Myriaden von Leuchtmücken surrten um mich herum, und es wurde mir klar, daß ich in eine Falle geraten war. Emil Tompapa wollte sich meiner entledigen. Klar! Vielleicht weil ich ein Weißer war. Zwar bin ich kein Franzose. Mit der ehemaligen Kolonialmacht habe ich wahrhaftig nichts gemein, im Gegenteil. Aber ich besitze nun einmal die gleiche Hautfarbe wie alle die Hurensöhne, die hier herumkommandiert haben. Jahrhundertelang. Ich hatte nicht den Mut, mich vom Fleck zu rühren. Ich war schwach vor Erschöpfung. Eine falsche Bewegung und ein Panther konnte mir in den Nacken springen. Ich wartete seit mehr als drei Stunden. Der Dschungel war außer Rand und Band. Es zirpte, jaulte, gellte, japste. Es war zum Verrücktwerden. Ein Königreich für ein Flugzeug! Auch ein Ochsenkarren hätte mir genügt. Nur weg wollte ich von hier. Zurück in die gewohnten Breiten, wo man um Hilfe rufen konnte. Mit einiger Aussicht auf Erfolg. Da geschah das Wunder. Ein Scheinwerfer blinkte durchs Dickicht. Ein Landrover ratterte auf die Lichtung zu. Ein Europäer saß am Steuer. Ich habe bei Gott keine Vorurteile. Ich mache keinen Unterschied zwischen schwarz und weiß, bilde es mir wenigstens ein, aber diesmal fühlte ich mich erleichtert. Der Mann kam zwar nicht meinetwegen. Er holte nur das Leitungskabel, das der Steward auf die Lande-

piste geschmissen hatte. Ich rief ihm entgegen, ich brüllte und schrie, aber es war zwecklos. Meine Stimme ging unter im Getöse des Urwalds. Da rannte ich los, vergaß die Panther und Schlangen und konnte ihn gerade noch erreichen, als er davonfahren wollte. Er hieß Stefanopulos, war ein Grieche und hatte sich mit einer Sodawasserfabrik Millionen zusammengescheffelt. Ein geniales Volk sind diese Griechen. Seit homerischen Zeiten erspähen sie Marktlücken und bereichern sich daran. Sie produzieren weder Erdöl noch Atombomben, sondern Sodawasser am Äquator, wo die Leute vor Hitze den Verstand verlieren. Er lachte sich tot, als ich ihm gestand, daß ich auf den Militärkommandanten wartete: Sie sind ein Anfänger, Monsieur. Ein blutiger Anfänger. Der Militärkommandant kommt nicht einmal, um den Staatspräsidenten abzuholen. Der hat doch alle Hände voll zu tun: vier Frauen, neun Nebenfrauen und ein paar Dutzend Weiber im ganzen Militärbezirk. Das zehrt an der Substanz. Sogar wenn er schwul wäre, würde er nicht kommen, um Sie zu begrüßen. Weil er überarbeitet ist und schlapp. Weil hier nichts passiert und nie etwas passieren wird. Sie sind in Afrika, lieber Freund. Sie müssen noch viel dazulernen, wenn Sie überleben wollen.
Wir rollten Kissidugu entgegen. Lianen hingen von tausendjährigen Baobabs herunter. Wurzeln wucherten über den Weg und machten die Fahrt zu einer Qual. Ich saß neben dem Griechen, hörte seinem Selbstgespräch zu und versuchte dazu zu lernen:
– Seit ich hier lebe, brummte er, seit mehr als zwanzig Jahren ist nichts Bemerkenswertes vorgefallen. Nichts. Ganz am Anfang gab es einmal eine Überschwemmung, eine anständige Katastrophe bei Sérédu, mit einem Dutzend Toten. Einige Jahre später hatten wir eine Feuersbrunst. In Bamakoro. Ein pyrotechnisches Wunderwerk. Mehr als zwanzig Rettungsmänner sind dabei umgekommen. Aber damit hat sich's. Aus! Verrecken kann man hier vor Langeweile!
Ich fragte schüchtern, ob sonst wirklich nichts geschehen sei.

Irgend eine Kleinigkeit. Da verzog sich seine Visage zu einem Grinsen und er gluckste:
– Ja, richtig. Letzten Januar in Gékédu. Da fraß ein Straßeninspektor den Bürgermeister auf!
Ich wurde bleich und glaubte, falsch gehört zu haben. So fragte ich, warum er das getan habe. Stefanopoulos bremste seinen Landrover, starrte mich entgeistert an und erwiderte, indem er eine Augenbraue mißbilligend hochzog:
– Was heißt da, warum? Er hat den Bürgermeister aufgefressen, weil er selber Bürgermeister werden wollte. Darum!
Das war meine erste Lektion in afrikanischen Wissenschaften.
Der Richter hatte also gefragt:
– Ist es wahr, Madame Diop, daß Sie das Kind Ihrer Nachbarin aufgefressen haben?
Und die Angeklagte hatte höflich zu Protokoll gegeben:
– Jawohl, das ist wahr.
Ich sagte bereits, daß der Richter aus Paris kam und Mitglied der kommunistischen Partei Frankreichs war. Er gab vor, ein Realist zu sein. In Wirklichkeit war er ein Linksintellektueller, wie er im Buche steht. Er war nach Afrika gekommen, um den schwarzen Brüdern zu helfen und den Weg zu weisen. In eine bessere Zukunft, in eine Welt der Gleichheit und Brüderlichkeit. Kurz. Er war ein prachtvoller Idiot, ähnlich wie ich selbst, und glaubte uneigennützig an den Sieg der Logik über die Unvernunft.
– Wie haben Sie das Kind verzehrt, fragte er mit äußerster Liebenswürdigkeit, haben Sie es zerschnitten?
– Ich zerschneide keine Kinder, Monsieur.
– Also wie?
– Der Knabe war sechs Monate alt und wog bereits über zehn Pfund.
– Ich begreife nicht, Madame. Gibt es noch andere Methoden, Kinder zu verzehren.
Gründlich sind sie, diese Linksintellektuellen. Alles wollen sie erfahren und dazu noch mit Einzelheiten. Die Angeklagte

wischte sich den Schweiß vom Hals und erklärte:
– Es gibt verschiedene Methoden, Monsieur. Meine, zum Beispiel. Kann ich mich setzen?
– Noch nicht, Madame. Ich muß nämlich genau wissen, wie das vor sich gegangen ist.
– Eine Haut hatte das Kind. Wie japanische Seide.
– Ich will wissen, ob Sie es zerbissen haben. Mit den Zähnen? Er klopfte mit dem Zeigefinger auf seine oberen Schneidezähne, wobei er den Mund aufsperrte wie ein Raubtier. Die Angeklagte lächelte mitleidig:
– Würden Sie ein Kind mit den Zähnen zerbeißen, Monsieur? Einen hübschen kleinen Engel? Einfach so, wie eine Wurst?
– Ich glaube, Sie haben das Kind gar nicht aufgefressen, Madame Diop.
Der Mann war ein Entwicklungshelfer. Ein schönes Wort, aber wie sollte er helfen? Bei welcher Entwicklung? Dieser Prozess stellte alles in den Schatten, was wir je gehört hatten. Wir waren weitgereiste Leute, hatten allerlei erlebt und ließen uns so leicht nicht aus der Ruhe bringen. Jetzt aber sträubte sich das Haar auf unseren Köpfen. Frau Diop verlangte, daß man ihr eine Papajafrucht hereinbringe. Eine große und saftige. Wenn möglich von der Größe eines erwachsenen Mannes. Der Richter gab dem Beisitzer ein Zeichen, sich um das Gewünschte zu kümmern und fing an, ziellos in den Akten zu blättern.
Frau Diop bat jetzt um ein Streichholz. Der Richter suchte in seinen Taschen herum. Schließlich fand er eines. Er reichte es der Angeklagten. Zwei Gerichtsdiener schleppten die Papajafrucht in den Saal. Sie war farbig und glich einem überlebensgroßen Kürbis. Man legte sie auf eine Waage, die neben der Türe stand. Das Bruttogewicht betrug hundertsiebzig Pfund, soviel wie ein Schullehrer. Frau Diop lächelte und steckte sich das Streichholz zwischen die Lippen. Sie begann daran zu saugen wie ein Kind an der Mutterbrust. Intensiv und bedächtig. Es wurde mäuschenstill im Raum. Alle

brannten vor Neugier, was hier weitergeschehen würde. Frau Diop sog und schnaubte, schnaubte und sog. Sie horchte in sich hinein, starrte mit gläsernen Augen in die Menge und fing an, sich hin und herzuwiegen, mit dem Kopf zu wackeln und leise zu stöhnen. Eine merkwürdige Angst befiel mich. Schweiß trat mir auf die Stirn. Emil Tompapa hatte mich hergeschickt. Ich verfluchte seinen Vater und seine Mutter. Was bezweckte er mit diesem Auftrag? Mag sein, daß er eifersüchtig war. Er hatte eine Frau, die rundherum eine blutdruckerhöhende Wirkung ausübte. Auf mich wie auf alle anderen. Ich will gar nicht bestreiten, daß ich von ihr träumte, doch wäre ich niemals so unverfroren gewesen, auf ihre Avancen einzugehen. Ich war schließlich der Gast in diesem Land und die Regeln der Loyalität sind mir heilig. Das konnte nicht der Grund sein. Vielleicht schüchterte ich ihn ein. Ich versuchte zwar, so bescheiden zu sein wie nur möglich. Nie verharrte ich auf meinem Standpunkt, auch wenn ich tausendmal recht hatte. Nie korrigierte ich ihn, obwohl er die Gewohnheit hatte, monströse Behauptungen aufzustellen. Beethoven sei ein italienischer Staatsmann, hatte er gesagt, und ich zog demütig die Schultern hoch, als hätte ich mir zu diesem Thema noch keine abschließende Meinung gebildet. Aber Emil war ein Malinké und hatte, wie alle Angehörigen dieser Völkerschaft, Antennen in der Haut. Er durchschaute mich, nehme ich an, und interpretierte mein Schweigen als beißende Ablehnung, wortlose Rechthaberei oder gar als boshafte Kritik. Er irrte sich nicht. Hinter meiner Maske gutmütiger Toleranz bin ich ein Klugscheißer, ein Missionar, der den Eingeborenen die frohe Botschaft der westlichen Kultur bringt. Ich hielt ihn insgeheim für einen Barbaren und Halbanalphabeten. Wenn er meine Gedanken lesen konnte, mußte er mich zum Teufel wünschen. Er war aber schlau wie eine Klapperschlange und behandelte mich korrekt. Er dachte sich wahrscheinlich, in Boké würde mich das Schicksal ereilen, denn es stand ja im Blauen Reiseführer, die Menschenfresserei sei dort noch reichlich verbreitet.

Seit einer halben Stunde sog Frau Diop an ihrem Streichholz. Die Hitze wurde unerträglich. Die Luft wurde so feucht, daß man sie beinahe schlürfen konnte, und es stank nach toten Katzen. Kurz vor Mittag ging ein Raunen durch den Saal. Die Angeklagte spuckte aus und erhob sich von ihrem Sitz. Der Richter erwachte aus seinem Halbschlaf, und ich schaltete das Tonbandgerät wieder ein. Man spürte, daß der große Moment gekommen war. Frau Diop drehte sich zum Beisitzer und sagte, er möge jetzt die Papajafrucht noch einmal wiegen. Sie hatte 170 Pfund gewogen, als man sie hereintrug. Jetzt nahm man die Gewichte von der Waage, eines nach dem andern. Die Papajafrucht wog noch knappe neun Pfund. Ich traute meinen Augen nicht. Der Richter röchelte, man habe uns in Bockshorn gejagt. Das sei eine Mystifikation schlimmster Sorte. Ein Streichholz habe keinen Einfluß auf einen Kürbis. Er kenne sich aus in Fragen der Naturwissenschaft und so weiter. Die Angeklagte blieb ungerührt. Sie verlangte, man solle die Papajafrucht aufschneiden. Ein Gerichtsdiener nahm ein Buschmesser aus der Tasche und hackte hinein. Der Riesenkürbis war leer. Frau Diop hatte ihn gefressen. Ohne hineinzubeißen. Ohne Zähne. Mit dem Geist. Die Hülle war geblieben. Der Inhalt war weg. Was weiter geschah ist Nachgeschichte. Der Richter erklärte, es gebe kein Gesetzbuch auf der Welt, das untersagt, eine Papajafrucht mit Hilfe eines Streichholzes zu verzehren. Oder einen sechsmonatigen Knaben durch Telepathie. Menschenfresserei finde erst dann statt, verkündete er, wenn ein lebendiger oder toter Mensch verzehrt und mit den Zähnen zerbissen, beziehungsweise zerkaut wird. Die Klage gegen Frau Diop sei hinfällig, der Prozeß aufgehoben, und die Leute sollten nach Hause gehen. Das Publikum war begeistert. Minutenlanger Beifall quittierte den Freispruch. Sogar die Klägerin schien befriedigt. Der Applaus verschlug mir den Atem. Schließlich ging es um die Tötung eines Kindes. Warum klatschten die Leute? Nach meiner Rückkehr in die Hauptstadt ging ich zu Emil Tompapa und bat ihn, mir die

Sache zu erklären. Seine Worte werde ich nicht vergessen: Sie haben geklatscht, weil wir euch hinten reingefickt haben. Weil euer Strafgesetz nicht ausreicht, um unser Leben zu begreifen. Weil ihr nur versteht, was ihr sehen und hören könnt. Weil *wir* den Prozeß gewonnen haben und nicht ihr.

– Aber wozu haben Sie mich nach Boké geschickt. Sie wußten doch, daß dort die Menschenfresserei noch reichlich verbreitet ist. Haben Sie gehofft, man würde mich verzehren?

– Bist du verrückt geworden? erwiderte mein Vorgesetzter, wir fressen doch keine Weißen!

– Keine Weißen, fragte ich, wobei ich mich gleichzeitig erleichtert und ein ganz klein wenig gekränkt fühlte,

– Sind wir denn weniger genießbar als die Schwarzen?

– Du wirst Afrika nie begreifen, erwiderte Emil Tompapa. Wir fressen euch nicht, weil ihr gezählt seid. Wenn einer fehlt, dann fällt es auf!

Ich werde Afrika nie verstehen, weil ich gezählt bin. Weil ich bis zu meinem Tod zu den Gezählten gehören werde. Aber was beabsichtigte er, als er mich in diese Sumpflatrine namens Boké schickte? Ich erfuhr es kurz vor Beendigung meines Vertrags, als ich mit Adama eine genußreiche Nacht verbrachte. Sie war Emils Sekretärin und kannte seine Geheimnisse:

– Er hat Mitleid mit dir. Er wollte einen Menschen aus dir machen.

Mein Diener

Ein einziges Mal im Leben war ich ein Schwein. Ich schaffte mir einen Diener an. Einen schwarzen Lakai. Das ist Sitte in Äquatorialafrika. Wer es sich leisten kann, beschäftigt einen Boy. Ich konnte es mir nicht leisten und nahm trotzdem einen. Er kochte, putzte, bügelte und besorgte mir die Wäsche – wenigstens theoretisch. Außerdem hütete er mein Haus und vertrieb die bösen Geister. Mein Vater wird mir das nie verzeihen. Seit fünfundzwanzig Jahren liegt er im Grab und nimmt es mir übel: einen Sklaven mußtest du halten. Ausgerechnet du, der Sohn eines Kommunisten. Du bist mir mißraten!

Mein Vater dramatisiert. Alle Juden dramatisieren. Er war nicht mein Sklave. Er hatte es gut bei mir. Ehrenwort. Sein Name war Suma. Er stammte aus dem Futa Dschalon und war in jeder Hinsicht ein Original. Kein einziges Mal ist es mir gelungen, ihn bei der Arbeit zu ertappen. Wenn ich erschöpft nach Hause kam, lag er auf der Vortreppe, zupfte an seiner Gitarre und sang. Ich kann es nicht bestreiten, er sang wie ein Gott. Nur sang er auf meine Kosten. Wie die berühmte Grille im Sommer, und das machte mich nervös. Die Wohnung hielt er in Ordnung. Ich beklage mich nicht. Das Essen war sogar schmackhaft. Im Schrank lagen meine Hemden. Blitzsauber, tadellos geplättet. Es stimmte alles, doch ich sehe nicht ein, mit welchem Recht jemand für mein Geld herumlungert und trällert. Mein Vater ist da anderer Meinung. Wer singt, hat eine Seele. Musikanten sind die Erzengel im Diesseits. Sie sind das Salz der Erde, und wer sie mißachtet ist ein Heide. Ich habe ihn gar nicht mißachtet. Ich wollte nur wissen, was er tut. Manchmal kam ich zu früh nach Hause. Manchmal zu spät. Oder mitten am Tag, um ihn zu überraschen. Suma saß auf der Treppe. Unfehlbar, wie ein Kettenhund, und jauchzte. Eines Tages riß mir die Geduld, und ich fragte, was er denn eigentlich treibe, wenn

ich nicht da bin.
– Das siehst du doch, Patron. Ich kümmere mich um deine Interessen.
– Aber müde werden Sie nicht dabei, Monsieur Suma. Oder? Ich hatte ihn beleidigt. Mitten ins Herz war er getroffen und fauchte mich an.
– Wenn du nicht zufrieden bist, Patron, dann schmeiß mich raus.
– Ich bin zufrieden, aber ...
– Es gibt kein aber. Entweder du vertraust mir oder du vertraust mir nicht. Wenn du mir vertraust, dann lass mich in Frieden!
Du findest, ich sei mißraten, Vater. Einen Menschen wolltest du aus mir machen. Ein Geschöpf nach dem Ebenbild Gottes. Und was bin ich geworden? Ein Boß, der seinem Boy das Singen verbietet und ihm nachschnüffelt. Du dramatisierst schon wieder, Vater! Ich verbiete ihm nicht zu singen und schnüffle ihm auch nicht nach. Ich versuche höchstens, mich zu erkundigen. Einmal kam ich halbtot von der Arbeit zurück. An einem heißen Dezemberabend. In Guinea ist es immer heiß, ganz gleich zu welcher Jahreszeit. Ich hatte den ganzen Tag nichts gegessen, und der Schädel tat mir weh vor Hunger. Am Morgen hatte ich Suma kein Haushaltsgeld gegeben. Ich war wieder einmal am Ende meiner Reserven. Den Lohn bekam ich am einunddreißigsten. In drei Tagen.
– Ich bin bankrott, Monsieur Suma, was soll ich tun?
– Keine Sorgen, Patron! Überlaß das nur mir.
Als ich zurückkehrte, dampfte das Nachtessen auf dem Tisch. Ein Huhn aus Gottes Sonntagsküche. Mit Erdnußkreme, Knoblauchsoße und knuspriger Mandelbutter. In jenem Augenblick vergaß ich die Grundregeln der Hygiene. Ich setzte mich hin, ohne die Hände zu waschen. Das soll lebensgefährlich sein in den Tropen. Ich mißachtete sämtliche Vorschriften der Medizin und aß mit dem Appetit eines Raubtiers. Bis nichts mehr übrigblieb außer den Knochen. Da fiel mir erst auf, daß etwas nicht stimmte.

– Woher haben Sie dieses Huhn, Monsieur Suma?
– Welches Huhn, Patron? Ich sehe kein Huhn.
– Das Huhn, das ich soeben verzehrt habe. Sie wissen genau was ich meine.
– Hat es geschmeckt?
– Ich hab Ihnen heute kein Geld gegeben. Wo zum Teufel kommt dieses Huhn her?
– Es hat dir geschmeckt, Patron. Sonst hättest du mir etwas übriggelassen.
– Es hat mir geschmeckt, Monsieur Suma, aber jetzt liegt es mir auf dem Magen.
– Weil du immer nörgelst, Patron. Davon bekommt man Magengeschwüre. Du solltest das Leben nehmen, wie es kommt!
Ich schrie, er solle antworten oder verschwinden.
– Bitteschön, wenn es sein muß. Ich habe es getroffen.
– Was?
– Das Huhn.
– Wo haben Sie es getroffen? Antworten Sie kurz und bündig!
– Im Garten, Patron. Kann ich jetzt gehen?
– Sie können nicht gehen, Monsieur Suma. Es gibt keine Hühner in unserem Garten.
– Das habe ich auch nicht gesagt.
– Was haben Sie denn gesagt, verdammt nochmal?
– Daß ich es getroffen habe. Im Garten. Im Garten des Nachbarn. Aber jetzt laß mich in Ruhe, und hör auf mit deinen Vorwürfen!
Du hast schon recht, Vater. Das Huhn war gestohlen, und ich habe es verzehrt. Ich war sein Komplize, das stimmt. Mitgegessen, mitgesessen, pflegtest du zu sagen, als ich noch klein war. Jetzt werde ich büßen dafür, vor dem jüngsten Gericht. Obwohl er mich übers Ohr gehauen hat. Nach Strich und Faden, doch merkte ich es nicht. Oder wollte es nicht merken. Jeden Morgen, wenn ich aufwachte, duftete das Haus nach Kaffee. Das Frühstück stand auf dem Kü-

chentisch. Die Semmeln waren noch warm, und Suma auf der Treppe sang und zupfte die Gitarre. Wie brachte er das zustande? Er wohnte schließlich nicht bei mir, sondern irgendwo in Bulbinet, außerhalb der Stadt. Da gab es ein Geheimnis, aber welches? Ich hatte ein Recht darauf, es zu kennen.

Eines Tages ging ich auf die Pantherjagd. Oder sagen wir es bescheidener, ich nahm daran teil, oder genauer, ich war dabei. Ich ging mit und schaute zu. Mit fiebernden Augen und angehaltenem Atem. Ich hielt mich im Hintergrund, weil ich mit wilden Tieren keinen Spaß verstehe. Jedenfalls verbrachte ich die Nacht außer Hause, war gegangen, ohne mich abzumelden. Um fünf Uhr morgens kehrte ich heim. Als ich die Tür aufsperrte, bremste ein Taxi vor dem Gartentor. Aus dem Wagen stieg ein schwarzer Schatten. Er zahlte und lief mir entgegen. Suma. Er begrüßte mich trokken, fast abweisend. Grimmig schlug er die Hacken zusammen, warf den Kopf hoch, hob zwei Finger zur Schläfe. Militärisch, denn er war Soldat gewesen, in der französischen Armee, bei den Senegalesen. Er war sauer auf mich und blickte an mir vorbei. Ich machte mir nichts daraus und trat in den Flur. Es war noch dämmrig, aber ein süßer Duft kam mir entgegen. Ich schnupperte mich durchs Vorzimmer. Öffnete die Türe zur Küche. Die Wanduhr zeigte zehn Minuten nach fünf. Frische Semmeln standen auf dem Tisch. Kaffee brodelte im Topf. Jemand hatte den Tisch gedeckt. Aber sicher nicht mein Boy. Er war nach mir gekommen. Wer also hatte die Arbeit verrichtet? Eigentlich konnte mir das gleichgültig sein, Hauptsache, ich kam zu meinem Frühstück. Doch es war mir nicht gleichgültig. In mir sitzt ein Wurm, der wissen muß und nach den Zusammenhängen forscht. Auch wenn es gar keine gibt. Suma war nicht dagewesen. Das stand fest. Also war es ein anderer. Aus welchem Grund tat er eine Arbeit, die nicht er tun sollte? Die Sache regte mich auf, aber ich wagte nicht, mich durch eine törichte Frage lächerlich zu machen. Darum fragte ich Suma ganz beiläufig, ob er jeden Morgen per Taxi zu mir komme. Er nickte, und ich verstand, daß er nicht sprechen wollte. So fing ich an zu rechnen. Die Grundtaxe beträgt drei Franken. Eine kurze Fahrt kostet das Doppelte. Er arbeitet fünfundzwanzig Tage im Monat. Fünfundzwanzig mal sechs sind hundertfünfzig. Zweihundert verdient er. Dreiviertel seines Gehalts für Taxifahrten. Entweder kann er nicht rechnen, oder er hat einen Nebenverdienst. Was für einen und bei wem? Ich suchte nach einem Vorwand, um die Angelegenheit mit ihm zu besprechen, doch schon stand er vor mir und ging zum Angriff über

– Du warst auf der Pantherjagd, habe ich gehört. Weggelaufen bist du; die ganze Stadt weiß es. Aber mir hast du nichts gesagt. Was stellst du dir eigentlich vor?

– Ich bin ein erwachsener Mensch, Monsieur Suma. Ich habe Ihnen keine Rechenschaft abzulegen.

– In Zukunft will ich wissen, wo du steckst.

– Ich frage Sie auch nicht, wo Sie die Nächte verbringen. Und wer meinen Kaffee kocht. Oder die Semmeln bringt.

– Du hast mir mitzuteilen, wo du hingehst, Patron. Die Pantherjagd ist kein Kinderspiel. Besonders bei den Sussu.

– Was haben Sie gegen die Sussu, Monsieur Suma?

– Das sind keine Jäger. Nicht einmal schießen können sie. Oder hast du einen Sussu gesehn, der schießen kann?

– Den Panther haben sie jedenfalls erwischt.

– Das Gegenteil ist auch schon vorgekommen.

– Sie sind ein Fula. Darum verachten Sie die Sussu.

– Feiglinge, alle miteinander!

– Schämen Sie sich, Monsieur Suma. Sie reden wie ein Weißer.

– Wenn du verschwunden wärest, heute nacht, hätte man mich aufgehängt. Wegen Menschenfresserei. Von heute an meldest du dich ab, wenn du weggehst.

Suma war unzugänglich. Ich hatte keine Kraft, mit ihm zu streiten. Ich war müde von der durchwachten Nacht und fragte säuerlich, ob ich mich endlich zu Tisch setzen dürfe.

– Tu, was du willst, Patron, aber sag mir, wozu du auf dieser Jagd warst.
– Das geht Sie einen Dreck an, Monsieur Suma. Jetzt trinke ich meinen Kaffee.
– Wozu du auf der Jagd warst, will ich wissen?
– Weil es mich interessiert und basta.
– Mich interessiert, wie es im Maul einer Schlange aussieht. Aber deswegen kitzle ich sie nicht am Giftzahn.
– Die Semmeln sind ausgezeichnet, Monsieur Suma.
– Wieviele seid ihr denn gewesen?
– Etwa zweihundert. Ich möchte allein sein, Monsieur Suma.
– Zweihundert Jäger gegen einen Panther. Helden sind das, die Sussu!
– Angst hatten sie jedenfalls nicht.
– Was für Waffen?
– Gar keine. Nur der Medizinmann hatte eine Keule.
– Eine Keule? So gehn die auf Pantherjagd. Splitternackt. Weiß angemalt im Gesicht, und du gehst da mit. Ohne mich zu fragen. Du bist verrückt, Patron!
Ich bin verrückt, das ist wahr. Jene Nacht werde ich nie vergessen. Im Osten von Forekaria drangen wir in den Busch ein. Die Jäger bildeten eine lange Reihe und krochen in regelmäßigem Abstand durch das Gestrüpp. Der Mond ging auf. Sie begannen zu singen. Eine sich stets wiederholende Litanei. Dazu zwei Dutzend Bambuszithern. Die Nacht war dunstig. Durchs Laub blinkte ein sternübersäter Himmel. Langsam kämpften wir uns vorwärts. Wir befanden uns in der Schleife des Kolenthé. Wenn da ein Panther war, gab es für ihn kein Entweichen. Er mußte vor uns davonlaufen. Quer durchs Dickicht. Bis zum Ufer des Flusses. Gegen zwei Uhr morgens war es soweit. Vor uns lag der Strom. Weißglitzernd, wie ein windgekräuselter See. Die Litanei wogte durch den Dschungel, immer lauter, immer bedrohlicher. Und plötzlich sahen wir ihn. Schwarz. Bewegungslos. Spiegelte sich im Wasser. Stumm, als wäre er versteinert, harrte

er auf den Entscheidungskampf. Leben oder sterben. Suma hat recht. Die Sussu können nicht schießen. Dafür haben sie andere Talente. Zaubern können sie, hypnotisieren. Sie haben den Panther nicht erschossen, sondern eingeschläfert. Mit ihrem Singsang und dem paradiesischen Geklimper. Wir waren keine hundert Schritte entfernt. Die Kette der Männer war zum Halbkreis geworden. Die Melodie hallte durch die Finsternis wie ein fernes Donnergrollen in der Nacht. Plötzlich, als hätte jemand ein Zeichen gegeben, verstummten die Jäger. Grabesstille trat ein. Der Panther schien beduselt. Das Schweigen reizte ihn zum Äußersten. Er erhob sich auf die Hinterbeine. Wie ein Zirkuspferd, zitterte, tänzelte, bebte.

– Und dann habt ihr ihn an die Leine genommen und nach Hause geführt.

– Der Medizinmann hat ihn totgeschlagen.

– Nimm dich in acht, Patron. Mein Schwiegervater war ein Sussu.

– Lebt er nicht mehr?

– Er wurde von einem Panther gefressen. Auf der Jagd.

Unsere Beziehung war schwierig und wurde immer schwieriger. Ich wollte nicht herumkommandieren und unternahm alles, um ein kameradschaftliches Verhältnis herzustellen. Das war ein Grundsatz, Vater! Ich wollte ihm zeigen, daß mich die schwarze Haut nicht störe, daß ich an die Gleichheit aller Menschen glaube und so weiter. Als ich fünf Jahre alt war, hast du mich in ein Vorstadtkino gebracht. In eine Kindervorstellung, wo »Onkel Toms Hütte« lief. Als der arme Tom ausgepeitscht wurde, erhob ich ein solches Geschrei, daß du mich hinaustragen mußtest. Ich erinnere mich genau. Ich leide noch heute an diesem Film. Schuldgefühle zehren an meiner Seele, weil ich weiß bin. Mitverantwortlich für alles, was man den Schwarzen angetan hat. Darum hatte ich Geduld mit meinem Boy. Ich zahlte ihn besser als landesüblich. Ich stellte so wenig Fragen wie möglich und ließ sogar zu, daß er mir sagte, was ich zu tun hatte und was nicht. Meine weißen Bekannten fanden das absurd. Die Schwarzen

lachten sich ins Fäustchen. Dann fing man an, es verdächtig zu finden. Vielleicht hatte ich etwas zu verbergen. Möglicherweise auch unlautere Absichten. Was suchte ich eigentlich in Guinea, munkelten die Leute. Ich wußte es selber nicht. Was reizt mich an einer Frau? Ich kann es wirklich nicht sagen. Und wenn ich es könnte, würde sie mich nicht mehr reizen. Etwas faszinierte mich an dem Land. Ich blieb trotz der Malariamücken, trotz der Tsetsefliegen, trotz aller Taranteln und Kröten und Giftschlangen. Suma ging schweigend durchs Haus. Spitzte gekränkt den Mund. Die Lage wurde unmöglich. Eines schönen Morgens erwachte ich, und es war mir klar. Suma bespitzelte mich. Es fragte sich nur für wen. Für die Staatssicherheit, nehme ich an. Er wurde bezahlt, mich zu beobachten. Mich im geeigneten Augenblick zu denunzieren und dem Scharfrichter auszuliefern. Er verdiente zwei Löhne. Einen bei mir und einen bei der Polizei. Und da er eine Künstlernatur war, tat er so wenig wie möglich. Die Arbeit verrichteten Heinzelmännchen. Die Frau des Nachbars. Der Neffe des Briefträgers. Oder sonst jemand. Bezahlen konnte er. An Geld fehlte es nicht, offenbar. Ich fand das vergnüglich. Suma als Privatdetektiv. Doppelagent und Geheimpolizist. Es war zum Lachen und zum Weinen.
Der Minister für Staatssicherheit hatte bessere Zeiten gekannt. Er war einmal Ballettmeister gewesen. Hatte eine Truppe aufgebaut. Die berühmten »Ballets Africains« waren sein Werk. Jetzt besaß er drei Privatflugzeuge, zwölf Luxusautos und eine Kellerkammer, in der er seine Gegner zu Tode folterte. Eigenhändig. Oder er hungerte sie aus. Manchmal ließ er sie köpfen, wenn sie kein Geständnis ablegten. Das willst du nicht wahrhaben, Vater, aber so ist es. Er hatte alle Frauen, die er nur haben wollte. Seine Verführungskünste kannten keine Grenzen. Sogar die Juweliere erlagen ihm und dachten nicht daran, einen Preis zu verlangen für ihre Ware. Ganz Guinea tanzte nach seinem Stock. Es wurde mir kalt, wenn ich daran dachte. Das war also die

Freiheit, die sie sich bauten. Afrikanischer Sozialismus. Jeder Bürger ist vor dem Henker gleich. Ein Polizeistaat nach medizäischem Muster. Ich wurde beobachtet. Vielleicht stand ich auf der Abschußliste; und trotzdem bin ich geblieben. Du siehst das anders, ich weiß. Deine Theorien hast du in Europa ausgeheckt. Sine ira et studio. Mensch ist Mensch, findest du. Ganz gleich welche Hautfarbe. Wenn es Wilde gibt, dann sind wir es. Wenn dort Fehler begangen werden, ist es unsere Schuld. Oder eine Ausnahme. Oder Wachstumsschwierigkeiten. Wir haben ihnen unsere Laster beigebracht. Alkohol, Drogen, Prostitution, die Jagd nach dem Goldenen Kalb. Wenn sie uns mißtrauen, haben sie ihre Gründe. Wir haben ihr Paradies zerstört. Mit Glasperlen, Flitterwerk und geheuchelter Herzlichkeit. Dann schickten wir unsere Kriegsschiffe und machten sie zu Sklaven. Das haben sie nicht vergessen. Sie tun gut daran uns auf die Finger zu schauen, denn unsere Finger sind schmutzig. Vielleicht hast du recht, mein Vater. Aber ich habe saubere Hände. Ich ging nach Guinea, um nützlich zu sein. Das glaubst du mir nicht. Ich sei hingefahren, um Geld zu verdienen. Mehr als in Europa. Um die Welt zu sehen. Auf Kosten der Eingeborenen. Weil ich mich langweilte in Zürich. Weil ich schlau bin ...
Mein Vater weiß nicht, was Moskitos sind. Hunderttausend Moskitos im Hotel Splendid, gleich neben dem Bahnhof von Kindia. Da hing zwar ein Netz über dem Bett, aber im Netz klafften Löcher so groß wie Wassermelonen. Ich gehe hin und verlange Insektenspray. Haben wir nicht, was ist das. Ich bitte um einen Fliegenwedel. Haben wir nicht. Was ist das? Ich nehme ein Handtuch, tauche es ins jauchige Wasser, das aus der Dusche rinnt und schmettere es gegen die Wand. Hurra! Zweihundert habe ich erschlagen. Die Tapete ist rot vom Blut meiner Opfer. Aber es bleiben neunundneunzigtausendachthundert Moskitos, die um mich herumsumsen und mich zum Wahnsinn treiben. Hier soll ich wohnen. Das kannst du dir gar nicht vorstellen, Vater. Fünf Wochen lang.

Dreihundert Meter entfernt brüllen die Affen, im Pasteur-Institut. Da stehen auch immergrüne Herbarien, wo Giftschlangen gezüchtet und Abwehrstoffe gegen Reptilienbisse jeder Art hergestellt werden. Das ist noch nicht alles, Vater. Zwischen den Latten meiner Fensterläden sitzen Taranteln. Riesenspinnen mit behaarten Beinen und bösartigem Charakter. Du hast ja keine Ahnung. Und dazu dieser Suma. Er spioniert mich aus. Er will wissen, mit wem ich verkehre, wer mich besucht, was für Frauen mit mir schlafen. Geht ihn das etwas an? Natürlich nicht, doch wenn er es wissen will, soll er es wissen. Ich habe mir nichts vorzuwerfen. Ich kam ohne Eigennutz. Menschenliebe war mein Motiv. Aber niemand nimmt mir das ab. Sie haben keine Phantasie. Können sich nicht vorstellen, daß jemand Schuldgefühle hat, und gutmachen will, was andere angerichtet haben. Nimm diesen Suma, zum Beispiel! Er glaubt mir nicht. Er will mich provozieren, mein wahres Gesicht zu zeigen. Täglich erzählt er von den Schuftereien, die wieder begangen worden sind. Vom Wahnsinn der Politiker, von der Bestechlichkeit der Beamten, von der Inkompetenz seiner Landsleute. Wenn ich geduldig erkläre – vielleicht etwas zu geduldig –, das alles sei ein trauriges Erbe der Kolonialzeit, schüttelt er ungläubig den Kopf und verläßt das Zimmer. Er ist überzeugt, daß ich mich verstelle. Daß ich sie im Grunde meines Herzens verachte, diese Buschneger mit den Gorillastirnen und schwulstigen Lippen. Suma irrt sich, Vater. Ich habe mein möglichstes getan, um den Glauben zu bewahren und nicht zu verzweifeln. Einmal stand er hinter mir, als ich die Zeitung durchblätterte:

– Ein polnischer Frachter ist eingelaufen, Patron. Heute morgen. Mit fünftausend Tonnen Butter. Seit vierzehn Monaten haben wir keine Butter in den Läden. Ein Kilo kostet soviel wie ein Fahrrad. Alles ging planmäßig. Man hat sie ausgeladen, wie es sich gehört. Fünfhundert Container, in Reih und Glied. Doch plötzlich heulen die Sirenen. Im Hafen findet eine Parteiversammlung statt. Das ist wichtig. Wichtiger als ein polnischer Frachter. Alle Docker sind Mitglieder der Partei und laufen zum Versammlungslokal. Der Sekretär hält eine Rede. Eine ganz wichtige Rede. Über die Solidarität der Völker Afrikas. Über den Kampf gegen den Imperialismus und so weiter. Immer die gleichen Phrasen, und die Sonne brennt auf die Butter herunter. 50 Grad am Schatten. Brüderliche Hilfe für den Kongo. Lieber sterben als in Knechtschaft leben! 60 Grad an der Sonne. Die Butter zerläuft. Sie strömt aus Fugen und Spalten. Die Versammlung ist aus. Man singt die Nationalhymne und draußen ist alles gelb. Polnische Butter bis zu den Knöcheln. Jetzt wird es vierzehn Monate dauern, bis das nächste Schiff kommt. Wir werden uns Solidarität aufs Brot streichen, denn ein Kilo Butter wird nun ein Motorrad kosten. Vielleicht sogar ein Auto. Wie findest du das, Patron?

Ein anderes Mal erzählte er mir die Geschichte vom Schneepflug. Der Minister für Außenhandel sei ein Idiot, von dem man wisse, daß er nicht lesen kann. Er durchblättere Hunderte von Prospekten und wenn ihm etwas gefällt, kreuze er es an. Den buntesten Katalog schickten die Russen. Darum machen sie die besten Geschäfte mit Guinea. Eines der Bilder zeigte einen Schneepflug. Es war so farbig, daß der Minister drei Kreuzlein machte, als Ausdruck seines Wohlgefallens. Wir haben drei Schneepflüge bekommen. Sie stehen im Hafen und ganz Konakry pilgert herbei, um sie zu bestaunen. Drei Schneepflüge, Patron, und kein Schnee. Seit Jahrtausenden keine Flocke. Jetzt müssen wir den schwedischen Katalog anschauen und Schnee bestellen. Wer trägt die Schuld, Patron? Die Imperialisten?

Natürlich die Imperialisten, Monsieur Suma. Wer denn sonst? Das haben sie euch zurückgelassen. Not und Unbildung. Der Minister weiß nicht, was er tut, das ist bedauerlich. Aber seine Kinder werden keine Schneepflüge mehr kaufen! Suma grinste verächtlich und ging auf die Veranda hinaus. Eine weitere Diskussion mit mir hielt er für zwecklos. Und dann kam sein Bericht über den Staatspräsidenten, der nach Casablanca fahren wollte. Zur allafrikanischen Konferenz in Marokko, und der Führer der Nation hatte im Sinn, ebenfalls teilzunehmen um seinen Standpunkt darzulegen. Er hatte von den Russen ein fürstliches Geschenk bekommen. Einen Tupolew neuester Bauart mit 150 Sitzplätzen. Man konnte also losfliegen, nur fehlte der Treibstoff. Mit den letzten Tropfen fuhr man in die benachbarte Sierra Leone, um aufzutanken. Die Nachbarn waren freundlich, wie immer, doch verlangten sie Bezahlung in bar. Der Führer der Nation bekam einen Tobsuchtsanfall, aber er mußte in die Heimat zurückfliegen. Nun schickte er 20 Jeeps in die vier Himmelsrichtungen, um alle Fremdvaluta einzutreiben, die sich finden ließ. Jetzt waren die Kassen leer, aber man hatte das Kleingeld, um aufzutanken. In der Zwischenzeit fragte sich die Welt, was passiert sei. Man wartete auf das Eintreffen des Präsidenten von Guinea, doch er kam nicht. War er krank? Oder gestürzt? Oder böse auf den Gastgeber, den König von Marokko? Die Journalisten erfanden die tollsten Hypothesen, und da landete ein Tupolew auf dem Flughafen von Casablanca. Der Führer der Nation stieg aus seinem Flugzeug. Mit dreitägiger Verspätung. Und sein Pressechef erklärte, der Präsident habe an seiner große Rede gearbeitet. Drei Tage lang, Patron, um nichts als Mist von sich zu geben. Das war eine Provokation. Für so subversive Reden wurde man hier standrechtlich erschossen. Suma hatte sich verraten. Er wollte meine Zustimmung und damit den Beweis, daß ich ein Gegner des Regimes sei. Die Spannung zwischen uns wurde unerträglich. Er überwachte mich und ich überwachte ihn. Dann geschah ein Wunder: das Abenteuer mit Siramba. Sie war ein Vulkan. Was soll ich viel reden, Vater. Du weißt es ja. Das Fleisch ist schwach. Ich hatte Lust auf sie und sie auf mich. Meine Lust war zivilisiert die ihre ungebändigt. Ich habe das nicht gern, Vater. Ich ziehe es vor selbst zu bestimmen, wann und wie sich die Dinge ereignen sollen. Sie war verheiratet. Ihr Mann war ein hohes Tier in der Regierung, sie selbst eine berühmte Sänge-

rin, jedes Kind kannte sie. Wenn man uns miteinander sehen würde, wäre ich verloren. Eines Morgens fand ich einen Zettel unter der Türe. Darauf stand in flüchtiger Schrift: »heut abend komme ich«. Ich zweifelte nicht daran, daß Suma die Botschaft kannte. Er lag ja auf der Veranda und mußte Siramba gesehen haben. Als ich beim Frühstückstisch saß, hatte ich den Eindruck, daß mich Suma mit neuen Augen anschaute. Ich wußte, daß er wußte, und darum sagte ich mit der natürlichsten Stimme der Welt, daß ich seine Hilfe brauche, weil ich in einer kniffligen Lage sei.
– Die Frau mit den großen Augen, Patron?
– Ja.
– Sie heißt Siramba. Ist die Frau des Informationschefs. Nimm dich in acht vor ihr. Die frißt dich auf.
– Gefällt sie Ihnen, Monsieur Suma?
– Sie gefällt jedem, Patron. Aber ihr Mann sitzt ganz oben, an deiner Stelle würde ich verzichten.
– Aber sie kommt heute abend. Ich hab sie nicht eingeladen. Sie kommt trotzdem.
– Keine Sorgen, Patron. Ich hole dich da raus.
– Was soll ich tun?
– Nichts! Geh heute aus! Geh tanzen mit deiner Sekretärin! Gegen zwölf kommst du nach Hause. Ich bringe alles in Ordnung. Ich kam nach Mitternacht. Suma saß auf der Vortreppe. Als ich fragte, was geschehen sei, begann er zu kichern. Dann lachte er. Immer übermütiger, bis er fast erstickte. Ich brachte ihm ein Glas Whisky, und er wurde ruhiger:
– Ich habe die Tür offengelassen, Patron. Ich zog mich aus und legte mich ins Bett. In deines, natürlich. Um neun Uhr schleicht sie heran. Sie sieht, daß jemand unter dem Leintuch liegt und entkleidet sich. Dann reißt sie die Decke herunter und merkt, daß nicht du im Bett liegst, sondern ich. Sie stößt einen Schrei aus und springt aus dem Fenster. Splitternackt, und will verschwinden. Dann hat sie sich's überlegt. So konnte sie doch nicht heimkehren. Ihr Mann hätte sie er-

drosselt. Sie kam also zurück und sagte ganz unverfroren, sie hätte ihre Kleider vergessen.
– Und? Was haben Sie geantwortet?
– Komm sie holen, habe ich gesagt. Sie liegen unter meiner Decke.
– Was hat sie gemacht?
– Gehorcht hat sie. Ich gab ihr die Kleider, aber sie mußte Strafe zahlen.
– Strafe?
– Das ist eine Künstlerin, Patron. So was hab ich noch nie erlebt. Bist du zufrieden mit mir?
Zufrieden ist nicht das richtige Wort. Ich war erleichtert. Suma hatte bewiesen, daß er loyal war. Zwanzig Gläser haben wir gekippt. Auf Siramba, auf die Frauen, auf unsere vertauschten Rollen im Bett und im Leben. Am folgenden Morgen lagen wir auf der Veranda, mit dröhnendem Schädel und hölzernen Zungen. Aber ich wußte jetzt, daß Suma mich nicht bespitzelte. Suma war kein Agent der Staatssicherheit, nichts weiter als ein gescheiter Schlawiner und Faulenzer, der nichts so verabscheute wie die Arbeit. Er kam mit dem Taxi, nicht aus Eile, sondern weil es ihn vergnügte. Er zahlte den Eingeborenentarif. Einen halben Franken pro Hin- und Rückfahrt. Er beschäftigte drei Personen und entlohnte sie ebenfalls nach Eingeborenentarif. Zehn Franken im Monat. Was für ihn übrigblieb, war immer noch ein Vermögen. Nur etwas war mir nicht klar. Wie hatte es so weit kommen können, daß ich anfing, mich vor Suma zu fürchten? Warum mißtraute er mir, obwohl er doch wußte, daß ich für sein Land arbeitete, zehn, manchmal zwölf Stunden am Tag. Bei 50 Grad im Schatten. Ohne Vorurteil noch Hinterlist.
– Du respektierst uns, Patron. Das ist verdächtig.
– Und was soll ich tun, Monsieur Suma.
– Ich möchte, daß du wegfährst von hier.
– Ich dachte, wir seien Freunde geworden, heute nacht.
– Freunde sagen die Wahrheit, Patron. Hau ab von hier.

Man hat nicht gern, wenn einem jemand in die Pfanne guckt. Verschwinde! Wir können leben ohne euch!
Weißt du, Vater, was ich gemacht habe? Ich bin weggefahren. Mit dem Abendflugzeug. Noch am selben Tag.

Pilz

Er nannte sich Champignon. Dabei hieß er Pilz, stammte aus dem Elsaß und war mir unsympathisch. Auf den ersten Blick. Wie kann man nur so heißen? Pilz. Ein Grenzfall zwischen Fleisch und Gemüse. Sowohl Deutscher als auch Franzose, heimatlos zwischen den Welten. Doppelköpfig, doppelzüngig und in jeder Beziehung undeutlich. Ein Riesenzwerg war er. Ein ins Kraut geschossener Gassenbube. Ein überdimensionierter Kindskopf, der Plattheiten von sich gab. Ich kann nicht sagen, daß er log. Aber er flunkerte haarscharf an der Wahrheit vorbei. Er war von einer widerlichen Vertraulichkeit und – wenn ich mich kurz fassen soll – ein faszinierender Niemand.

Wir begegneten uns in einer Karawanserei. Fünfzig Meilen im Süden von Nzérékoré. Am Fuß des Mont Nimba, dessen Massiv etwa so groß ist wie die Schweiz. Und, so heißt es wenigstens, noch reicher an Bodenschätzen als Kolorado und Texas zusammengenommen. An jenem Abend konnte ich nicht einschlafen. Ich hielt es nicht aus in meinem Zimmer. Es roch nach Karbol. Die Wände waren verschimmelt, zerfressen vom feuchten Moder des umgebenden Urwalds. Auf dem Tisch stand die einzige Zierde dieses Rattenlochs: ein Waschkrug voll giftgrünen Wassers. Pollenschleim aus dem Kloakenfluß Bafing. Ich flüchtete hinaus. Quer durch den Speisesaal, wo ein befrackter Barmann seine Nägel putzte. Mit einer Gabel, wenn ich mich recht erinnere. Ein wahres Fotonegativ. Schwarzes Gesicht. Weiße Krawatte und elfenbeingelbe Lackschuhe. Er verbreitete einen süßlichen Dunst um sich herum. Es zog mich auf die Veranda. An die frische Luft. Doch da war es noch heißer. Die Dünste noch süßlicher. Über das Geländer ragten behaarte Blüten. Hautfarben. Von der Form gigantischer Schamlippen. Phallusähnliche Schlingpflanzen hingen von den Bäumen. Aus einem Grammophon schepperten längst vergessene Schlager. Paradiesische Düfte wogten herbei und kippten plötzlich um, in ihr ekelhaftes Gegenteil. Lilienkot, Magnolienaas, fäkalische Wohlgerüche, wie der Gestank faulender Krokodilshäute, die man mit Lavendel bestreut und zum Trocknen ausbreitet. Auf dieser Veranda traf ich ihn zum ersten Mal; den sonderbaren Menschen, dessen Geschichte ich hier erzählen will.

Über der Eingangstür hing eine Holztafel mit der Aufschrift, dieses Blockhaus stehe genau auf dem magnetischen Äquator. Pilz erklärte mir unaufgefordert, an dieser Stelle werde die Magnetnadel verrückt und drehe sich im Kreis herum wie eine Wetterfahne. Weil man sich nämlich auf halbem Weg befinde zwischen Nordpol und Südpol. Ich war müde und hungrig. Brauchte keinen Pilz und schon gar keinen magnetischen Äquator, sondern ein sauberes Bett und etwas Appetitliches zu essen. Es gab weder das eine noch das andere. Nur den Barmann und diesen Pilz, der aussah wie der falsche Zeuge aus der heiligen Schrift, wie eine Wetterfahne zwischen Nordpol und Südpol. Jeder Zoll ein Grenzfall, dem ich am liebsten entronnen wäre. Das war nicht mehr möglich. Ich konnte ihn nicht loswerden. Er hieß zwar Gottlieb, aber ich hätte ihm nicht einmal meinen Kugelschreiber anvertraut. Häßlich war er nicht. Im Gegenteil. Er besaß ein ebenmäßiges Gesicht und einen wohlproportionierten Körper, glanzvolle Augen und einen brennenden Blick. Wie ein Wanderprediger bei den Sektierern; aber etwas war krumm an diesem Menschen. Innerlich asymmetrisch, als hätte er einen versteckten Klumpfuß. Von Anfang an klebte er an meinen Fersen. Trotzdem hatte ich den Eindruck, er wolle davonlaufen vor mir. Je mehr er mich irritierte, desto begieriger wurde ich, ihn kennenzulernen. Darum sah ich nur eine Lösung: zwei Gläser und etwas Flüssigkeit. Leider vertrug er mehr als ich. Er blieb nüchtern, wenigstens dem Anschein nach, während sich meine Sinne fortschreitend vernebelten. Ich konnte jedoch feststellen, daß er bedeutend neugieriger war auf mich als ich auf ihn. Er versuchte mich auszuneh-

men. Nach allen Regeln der Kunst. Und ich tat, als ließe ich mich ausnehmen. Ich spielte noch besoffener, als ich war und legte eine lallende Redseligkeit an den Tag. In der Hoffnung allerdings, auch er werde auspacken. Die Rechnung ging auf, doch begann er zu reden, als mein Bewußtsein bereits ziemlich getrübt war. Es ist also möglich, daß mir gewisse Einzelheiten entgangen sind und mein Bericht nicht ganz den Tatsachen entspricht. Im wesentlichen aber mochte unser Gespräch etwa folgendermaßen verlaufen sein:
Es fing damit an, daß er mich auf den Buckel klopfte und ermunterte, ihn Gottlieb zu nennen. Ich bin, so teilte er mir mit, der Gottlieb Pilz aus Kleinhenningen am Rhein. Der reichste Mann im Elsaß. Und der redlichste, denn ich habe mein Vermögen ehrlich verdient. Mit meinen zehn Fingern, Bruder, und die sind sauber, obwohl ich dir ansehe, daß du mir kein Wort glaubst.
– Du siehst mir überhaupt nichts an, denn du hast zuviel getrunken.
– Ich bin ein Dieselmechaniker, Bruder, und weiß umzugehen mit jedem Brennstoff, besonders mit Schnaps. Hast du schon einen Dieselmechaniker getroffen, der ganz allein vierzehn Millionen Dollar auf die Seite gelegt hat? Das gibt es nicht, Bruder. Ich bin der einzige auf der Welt. Ich bin der große Pilz, le fameux champignon, aus Kleinhenningen am Rhein. Das hältst du nicht für möglich, gell? Aber es ist wahr, auch wenn mich keiner mehr kennt in meinem Kaff. Die wissen nicht einmal, daß ich noch lebe. Dich kennt man bestimmt. Du bist ja ein, wie hast du gesagt, ein Doktor der Philosophie. Du machst Reportagen. Filme drehst du, gell? Und was hast du davon? Einen Kack und sonst nichts. Ich hingegen. Wenn ich wollte, würde ich mir noch heute ein Flugzeug chartern und nach Straßburg fliegen.
– Warum machst du das nicht?
– Das geht mich etwas an und nicht dich. Versteesch? Nach Straßburg würde ich fliegen. Allein im Flugzeug mit hundertfünfzig Plätzen. Und würde fragen, zum Beispiel, was

denn die Kathedrale so kostet. Fünf Millionen? Sechs? Sechseinhalb? Bitteschön. Ich kann das Geld auf den Tisch blättern. Einfach so und die Kathedrale gehört mir. Dem Gottlieb Pilz. Glaubst du mir das?
– Jedes Wort.
– Aber ich glaube dir nicht, Bruder. Du bist doch nicht hergereist, um Filme zu drehen.
– Frag meinen Kameramann! Er liegt nebenan und schnarcht.
– Lüg mich nicht an, gell, sonst erwachst du morgen früh mit einem Teelöffel zwischen den Rippen.
– Warum kaufst du sie nicht, deine Kathedrale?
– Das wollten schon andere erfahren, aber das ist mein Geheimnis. Du stellst zu viele Fragen, Bruder.
– Ich stelle überhaupt keine Fragen. Dein Geheimnis interessiert mich einen Scheißdreck.
– Willst also nicht wissen, wie ich's geschafft habe?
– Einen Scheißdreck.
– Ich erzähl es dir trotzdem und wenn du nicht zuhörst, hau ich dir die Birne entzwei.
– Ich höre zu.
– Zwei Weltkriege hab ich überlebt, versteesch? Den ersten bei den Deutschen. Den zweiten pour la France.
– Und den dritten? fragte ich vorwitzig.
– Ohne mich, Bruder! Da können mich alle am Arsch lecken. Gottlieb Pilz denkt jetzt an sich selbst, und fährt gut dabei.
– Du sagst es.
– Unterm Kaiser, versteesch, da gehörten wir zu Deutschland, und ich war ein armer Teufel. Fünfundzwanzig Jahre später waren wir Franzosen. Vive la République, Bruder! Und ich ein pauvre con.
– Aber jetzt bist du ein Maharadscha.
– Jawohl. Ein zehnfacher. Ich war mal ein gewöhnliches Arschloch, aber ich habe einen Beruf, Bruder. Der ist mehr wert als ein Doktorhut. Der große Krupp, weißt du, wer das ist?

– Klar weiß ich das.
– Der macht die besten Panzerwagen; aber jemand muß sie reparieren, wenn sie stehn bleiben. Rate mal wer?
– Der Gottfried Pilz aus Kleinhenningen am Rhein.
– Stimmt! Im blödesten Augenblick bleiben sie stehn; und da ruft man mich ins Hauptquartier, Bruder.
– Der Kaiser persönlich?
– Falsch! Der Generalfeldmarschall von Hindenburg läßt mich kommen. Ich haue die Hacken zusammen. Er streckt mir die Hand entgegen und fragt, ob ich so freundlich wäre, seinen Panzerwagen wieder flott zu machen. Da sag ich, weißt du, was ich gesagt habe? Zu Befehl, hab ich gesagt, und die Sache ging in Ordnung. Aber den Krieg hat er trotzdem verloren, der Schlappschwanz, und ich sag dir auch warum, Bruder. Weil er nicht danke gesagt hat. Der konnte nicht danke sagen und Kleinhenningen wurde französisch. Der Friede ist ausgebrochen. Ein paar Jahre lang hatten wir Pause. Dann kam der Führer, versteesch, und brachte Leben in die Bude. Den zweiten Weltkrieg hat er uns beschert, aber diesmal gehörte ich zu Frankreich. Jetzt hieß ich Champignon. Mein Chef hieß de Lattre de Tassigny. Wir standen irgendwo in der Wüste. Zwischen dem Tschadsee und der Festung Tobruk und Monsieur le Général läßt mich fragen, ob ich aimablement seinen char blindé reparieren würde. A vos ordres, und die Angelegenheit wurde erledigt.
– Hat er dir Danke gesagt?
– Einen Tritt hat er mir gegeben, das ist alles.
– De Lattre de Tassigny?
– Ich weiß nicht mehr wer, aber sie haben mich zur Sau gemacht. Sale Boche, hat's geheißen. Weil ich aus Kleinhenningen stamme. Zwischen Hammer und Ambos. Heute würden sie mir hinten rein kriechen, das Lumpenpack. Champignon hat nämlich Geld, und wer Geld hat, Bruder, der befiehlt.
– Geld wie ein König und angezogen wie ein Klosettputzer.

– Richtig! Nicht jeder muß wissen, daß ich reich bin.
– Das hab ich mir gleich gedacht.
– Was?
– Daß du dich verkleidest.
– Was willst du eigentlich von mir? Bist du ein Spitzel, Bruder? Schnüffelst du für einen Geheimdienst?
– Du bist mir so egal wie ein Kuhfladen im Stall. Nur mein Hirn, das funktioniert. Ob ich will oder nicht. Was sucht ein Maharadscha in diesem Scheißloch? Diese Frage drängt sich doch auf, oder etwa nicht?
– Ich hab dir erklärt, daß ich Dieselmotoren repariere.
– Für vierzehn Millionen Dollar. Und das soll ich dir abkaufen?
– Kannst es abkaufen oder nicht, Bruder, aber im Umkreis von dreihundert Meilen bin ich der einzige, der weiß wie man's macht.
– Der Pilz mit den goldenen Fingern.
– Mit dem goldenen Köpfchen, grinste er vergnügt, der Marktlückenpilz, der riecht, wo es noch Geld zu verdienen gibt. Hier zum Beispiel pflanzen sie Kaffeebäume. Mitten im Busch. Und in jedem Dorf gibt es eine Zentrifuge, versteesch. Zum Enthülsen der Bohnen. Solang sie läuft, die Zentrifuge, ist die Welt okaj. Aber eines Tages bleibt sie stehen und die Kaffeebohnen verfaulen am Boden. Keine Zentrifuge, Bruder, kein Kaffee; und außer dem Kaffee haben sie gar nichts. Die Bohnen sind ihre Valuta. Ihre Goldwährung, versteesch? Für Bohnen kaufen sie Hirsemehl und aus dem Hirsemehl machen sie Brot. Wenn der Motor kaputt geht, haben sie nichts mehr zu fressen.
– Und warten auf den Erretter aus Kleinhenningen am Rhein.
– Genau. Ich komme zu ihnen, wenn die Sonne aufgeht. Weil ich für sie ein dreckiger Schmied bin und der Schmied ist ein Auswurf. Die unterste Kaste der Menschheit, und ich darf nicht im Dorf übernachten. Dann schlaf ich halt außerhalb. Im Busch. Unter einem Baobab. Bis es hell wird. Dabei

bin ich ja gar kein Schmied, sondern ein Dieselmechaniker, aber die sehn keinen Unterschied. Viel zu dumm, dieses Gesindel. Wenn es Tag wird, gehe ich hin.
– Und flickst ihnen die Zentrifuge?
– Das ist nicht so einfach, Bruder. Ich drehe am richtigen Schräubchen, und die Hungersnot ist vorbei. Der Schmied kommt, wenn es dämmert, heißt es in ihren Liedern. Der Schmied ist ein Auswurf, doch der Auswurf erlöst sie aus der Not. Gott ist ein Dieselmechaniker. Ein Paria, ein aussätziger Unterhund aus dem Elsaß, ein Franzosenschwein, ein sale boche, der im Dschungel übernachten muß. Ein Schräubchenzauberer, den man verachtet. Und dem man seine Opfer bringt.
– Menschenopfer? fragte ich boshaft und zerquetschte meine Zigarette.
– Unter anderem, erwiderte er seelenruhig, zum Beispiel Jasmina.
– Wer ist Jasmina?
– Ein elfjähriges Mädchen. Die Mutter meines Sohnes.
– Man hat sie getötet für dich?
– Geopfert hat man sie. Geschenkt. Für meine Arbeit. Ein Kind wie ein Vogel. Mit den Augen einer Antilope. Warst du mal auf Antilopenjagd?
– Warum fragst du?
– Weil das die einzigen Tiere sind, die weinen. Wenn sie nicht mehr entrinnen können, wenn du die Knarre ansetzt, um sie abzuknallen, dann fließen ihnen die Tränen herunter. So war es mit Jasmina.
– Du hast sie abgeknallt, du alter Sauhund?
– Ich hab sie durchlöchert, gluckste er, mit meiner Flinte, Bruder. Wie sich's gehört.
– Ich bin nicht dein Bruder. Hör auf mit deiner Geschichte! Sie kotzt mich an.
– Und appetitlich war sie. Zart und frisch wie eine Auster. Nicht einmal gewehrt hat sie sich. Nur geweint. In den Armen Gottes muß man gehorchen, versteesch? Und dann

wurde sie anhänglich. Wie eine junge Katze. Die ideale Geliebte. Allzeit bereit, wenn ich sie haben wollte. Anschmiegsam und folgsam bis zum heutigen Tag. Jetzt ist sie sechsundzwanzig. Jedesmal, wenn ich nach Seredu komme, küßt sie mir die Hände, Bruder. Und nicht nur die Hände. Ich habe Weiber in jedem Negerdorf, aber Jasmina ist die Königin!

– Die Mutter deines Sohnes, hast du gesagt?

– Genau. Der ist jetzt fünfzehn Jahre alt. Größer als ich und doppelt so stark.

– Und was treibt er?

– In die Schule geht er, der Monsieur. In die beste Schule der Welt. La Chataigneraie. Am Genfersee. Ein Institut für die Auserwählten. Neben ihm sitzt der künftige Schah von Persien. Hinter ihm der Erbe des Bankhauses Mc Lellan. Sein Spielkamerad heißt Adolf von Thadden-Trieglaff. Die Elite von morgen umgibt ihn. Er lernt lesen, rechnen und befehlen. Nicht gehorchen, Bruder, sondern befehlen. Ich bezahle hunderttausend Dollar im Jahr, damit er ein Wolf wird und kein Lamm. Begreifst du?

– Nein.

– Bist du blöd oder was?

– Ich verstehe nicht, wo du jährlich hunderttausend Dollar hernimmst, wenn dich die Eingeborenen mit Weibern bezahlen statt mit Geld.

– Weiber nehme ich ausnahmsweise, Bruder. In der Regel schenkt man mir Edelsteine. Manchmal auch Elfenbein.

– Nimm dich in Acht, Gottlieb! Eines schönen Morgens kommt ein zweiter Dieselmechaniker und macht es billiger.

– Der kommt nicht.

– Woher weißt du das so genau?

– Weil ich dafür sorge, daß er nicht kommt.

– Wie machst du denn das?

– Das möchtest du wissen, gell. Jetzt hab ich dich erwischt. Ein Doktor der Philosophie willst du sein. Filme drehst du

angeblich. Was suchst du in meinem Revier, du verdammtes Schlitzohr?
– Ich gehe jetzt schlafen.
– Nein, Bruder. Du bleibst hier.
– Wenn ich nicht fragen darf, geh ich ins Bett.
– Sei doch nicht gleich beleidigt, Bruder. Man ist halt ein bißchen nervös, hierzulande. Laß mich erzählen, wie ich es mache. Mit Geld mache ich's. Ganz einfach mit Geld. Die Mutter meines Sohnes ist vom Stamm der Gersé und ich finanziere die Sippschaft. Dafür bekomme ich, was ich will.
– Und was willst du?
– Daß es nur *einen* Dieselmechaniker gibt zwischen Macenta und Nzérékoré. Darum gibt es keinen anderen. Punkt!
– Verstehe ich nicht.
– Die Gersé sind meine Privatpolizei. Was ich befehle, wird ausgeführt.
– Gut, aber *wie* führen sie aus, was du befiehlst?
– Kurz, Bruder, und schmerzlos.
Und bei diesen Worten zog er einen Bolzen aus der Tasche. Einen winzigen Pfeil von kaum zehn Zentimeter Länge, den er mir vor die Gurgel hielt, als wollte er mich durchbohren. Ich erstarrte vor Schrecken. Nicht einmal mit der Wimper konnte ich zucken. Ich war gelähmt und riß die Augen so weit auf, daß er meinte, ich wolle ihn verzaubern. Vielleicht war es der Alkohol, vielleicht die späte Stunde. Ich weiß es nicht mehr. Jedenfalls wurde er weiß wie ein Ei. Er ließ den Bolzen sinken und verstummte. Keiner von uns brachte ein Wort heraus. Ich war der erste, dem die Sprache wieder kam, und ich fragte, für wen eigentlich diese Pfeile bestimmt seien. Nach einer dumpfen Pause antwortete er. Seine Stimme war verändert:
– Dies ist der letzte Garten Eden, Bruder. Mein Reich. Und ich erlaube nicht, daß man es zerstört. Denn Luzifer verschüttet sein Ungeziefer. Über alles, was grün ist. Über Wie-

sen, Weiden und Wälder, um sie ratzekahl fressen zu lassen. Er schickt seine Geologen und Bergbauingenieure, seine Goldsucher und Abenteurer aus aller Welt, bis hier kein Baum mehr wächst. Kein Paradiesvogel mehr zwitschert. Bis hier nur noch Bohrtürme kreischen und Bagger knattern. Das will ich nicht zulassen, Bruder!

– Gott ist ein Dieselmechaniker. Der Beschützer von Urwald und Raubtieren. Versteh ich dich recht?

– So ist es. Die Raubtiere müssen überleben, sonst bleiben nur Ziegen auf der Erde und Meerschweinchen. Weder Löwen werden da sein noch Leoparden, um sie aufzufressen. Wir würden in der Gleichheit ersticken. In der Demokratie der Hühner und weißen Mäuse, die sich ungestört vermehren könnten, bis die ganze Welt ein einziger großer Kaninchenstall wäre.

– Und dein Bolzen?

– Ist vergiftet, Bruder. Aus der Galle des Krokodils machen die Gersé eine Tinte. Und die Spitze meines Pfeils wird hineingetunkt. Siehst du? Einen Monat lang.

– Ich glaube kaum, sagte ich vorsichtig, daß du damit einen Menschen um die Ecke bringst.

– So? Glaubst du das kaum? Frag mal den Sliwinski! Der ist da anderer Meinung.

– Ich kenne keinen Sliwinski.

– Kannst du auch gar nicht, weil er tot ist. Man hat ihn gefunden. Einen Bolzen im Arsch. Und hat ihn begraben.

– Wer war Sliwinski, möchte ich wissen.

– Ein Insekt, Bruder. Eine polnische Filzlaus. Bergbauingenieur aus Katowitz in Schlesien. Wollte sich mal umschauen, wie er sagte, was es hier für Gesteine gibt. Kristalle hat er gesucht. Ganz harmlos.

– Hat er was gefunden?

– Jetzt stellst du wieder deine Fragen, gell? Möchtest erfahren, was man so findet in dieser Gegend. Das möchten sie alle. Darum kommen sie her. Als Mineraliensammler verkleidet. Oder Großwildjäger. Oder Doktoren der Philoso-

phie, die angeblich Filme drehen.
– Gute Nacht, Gottlieb. Ich bin todmüde. Morgen früh um fünf brechen wir auf.
– Jetzt hat du Schiß, Bruder. Denkst an den Sliwinski, gell?
Er sprach die Wahrheit aus. Durchschaute mich bis ins Knochenmark. Ich hatte Gänsehaut und dachte an den Polen mit dem Bolzen im Arsch. Ich wußte plötzlich nicht mehr weiter und hätte wahrscheinlich eine Dummheit begangen, wenn nicht Witold gekommen wäre. Verschlafen und mißmutig wie immer. Trat auf die Veranda und blickte durch uns hindurch. Er war einen Kopf kleiner als Pilz, doch flößte er Respekt ein, denn er sprach wenig und quetschte grimmig die Kiefer aufeinander, wenn er dachte. Ich war gerettet, schien es mir. Wir waren zwei gegen einen und sichtlich erleichtert stellte ich vor:
– Gottlieb Pilz aus dem Elsaß. Maharadscha und Dieselmechaniker.
– Sehr erfreut.
– Und das ist Witold, mein Kameramann, der eigentlich ausruhen sollte, weil wir morgen viel zu tun haben.
– Setz dich, Bruder, und sauf ein Glas mit uns!
– Hast du meinen Lichtmesser gesehn? fragte Witold, ohne Pilz eines Blickes zu würdigen.
Ich verneinte, worauf er sich umdrehte und verschwand. Am liebsten hätte ich ihn zurückgehalten, aber das durfte ich nicht. Das wäre ein Beweis meiner Angst gewesen. So zündete ich mir eine Zigarette an und paffte. Wartete, daß Pilz etwas sagen würde. Schließlich räusperte er sich und fragte, was das sei, ein Lichtmesser.
– Ein Instrument zur Messung der Lichtintensität.
– Und wozu braucht er das?
– Zum Filmen. Jeder Fotograf hat einen Lichtmesser.
– Hab gemeint, er sei ein Kameramann.
– Das ist das gleiche.
– Ach so? Das ist das gleiche. Was fotografiert er denn?

– Alles, was ich ihm sage.
– Und was sagst du ihm?
Jetzt wußte ich, was er wollte. Herauskitzeln, was ich zu drehen beabsichtigte. Ob ich einen Film machte, der die Bergbaugeier herbeilocken würde. Über die ungehobenen Schätze des Mont Nimba. Über die Milliarden, die es hier zu verdienen gibt. Wenn ja, würden sie herbeischwärmen wie die Heuschrecken. Das Paradies würden sie zerstören. Einen Bauplatz daraus machen, einen Urwald von Schornsteinen, und die Alleinherrschaft des Maharadscha wäre zu Ende.
Ich war in Lebensgefahr. Das lag in der Luft. Darum mußte ich eine Antwort finden, die ihn befriedigte. Am besten die Wahrheit, doch wußte ich aus Erfahrung, daß nichts so unwahrscheinlich ist wie unverfälschte Tatsachen. Höchste Vorsicht war geboten. Es ging um meinen Kopf, und ich erwiderte:
– Komm doch mit! Da siehst du dann selbst, was wir drehen. Einverstanden?
– Bescheiß mich nicht, Bruder! Ihr seid zwei und ich einer. Wenn ich euch im Weg bin, schneidet ihr mir den Hals durch. Mitten im Urwald. Meinst du, ich bin blöd?
– Dann kommst du eben nicht. Ich mache dir einen anständigen Vorschlag, und du meinst, ich trachte dir nach dem Leben. Ich pinkle auf dein Leben, du Mostkopf. Du Übermensch aus Kleinhenningen am Rhein.
– Warum kannst du nicht sagen, schnurstracks und ohne Umschweife, was du hier fotografieren willst?
– Weil du mir nicht glauben würdest. Weil Worte weniger wiegen als ein Furz auf der Goldwaage. Wenn ich dir die Wahrheit sage, lachst du mir ins Gesicht. Wenn ich lüge, merkst du es früher oder später. Darum sag ich gar nichts und wiederhole meinen Vorschlag: Komm mit oder rutsch mir den Buckel runter!
Das war deutlich. Und logisch war es auch. Ich nahm ihm den Wind aus den Segeln. Jetzt konnte er nicht weiterfragen, und das wurmte ihn über alle Maßen. Ich hatte gewonnen

und stand auf, um ins Bett zu gehen, denn eine bleierne Müdigkeit stieg mir in den Kopf. Mit Stahlfingern zog er mich auf den Stuhl zurück und erklärte mit einem listigen Funkeln in den Augen:

– Ich komme mit, Bruder. Ihr werdet vielleicht froh sein um einen Dieselmechaniker, wenn ihr durch den Busch rumpelt.

Jetzt war er wieder oben. Unser Jeep war in ausgezeichnetem Zustand. Noch nie hatten wir eine Panne. Aber er konnte auch mal kaputt gehn. Dann waren wir in seinen Händen, und Gott allein weiß, was er mit uns vorhatte. Er konnte ja Zucker in den Tank schütten. Oder ein Schräubchen lösen. Witold am Steuer. Ich daneben und Pilz auf dem Rücksitz. Mit seinem Giftbolzen konnte er uns abmurksen. Von hinten. Im Handumdrehn. Und weg waren wir, wie der arme Sliwinski aus Schlesien. Ich hatte gemeint, besonders schlau zu sein, als ich ihm vorschlug mitzufahren. Ich war sicher, daß er ablehnen würde. Jetzt bereute ich es bitter und hirnte nach einem Ausweg. Zurückziehen konnte ich mich nicht. Auf keinen Fall. Ich mußte ihn verscheuchen. Abschrecken. Etwas tun, daß ihm die Lust verging an der gemeinsamen Reise. Da kam mir der erlösende Gedanke. Gottlieb Pilz hatte ein Loch in der Biographie. Eine verdächtige Lücke, über die er stolpern konnte. Wer weiß? Vielleicht erklärte das sein merkwürdiges Exil in den Urwäldern des Mont Nimba. Seinen Widerwillen gegen Fremde. Gegen mich. Darum sagte ich beiläufig:

– Wahrhaftig. Du könntest uns nützlich sein bei der Arbeit. Du kennst dich aus in dieser Gegend, und der Film von dem ich dir erzählt habe ...

– Was für ein Film, Bruder? Du hast mir noch gar nichts erzählt.

– Dann hörst du's eben jetzt. Wir drehen einen Film über die Angst.

– Über die Angst? – murmelte Pilz, und es schien, als schaudere ihn. Warum ausgerechnet hier?

– Weil hier die Angst am dichtesten ist. Der magnetische Äquator. Eine Grenzzone, du begreifst. Da schleicht die Angst durch die Gegend. Vor eingebildeten Gefahren und wirklichen. Vor Reptilien, Insekten, wilden Tieren. Die Angst vor der Finsternis und dem Tageslicht und vor Leuten, die zu viel wissen.
– Ich hab keine Angst, Bruder, und vor dir schon gar nicht.
– Wer hat denn das behauptet? erwiderte ich und gab mich so natürlich wie möglich. Ich meine Leute, die etwas verbergen müssen. Die sich verfolgt glauben. Auf der Flucht sind.
– Und du meinst, diese Leute werden dir erzählen, was sie verbergen? Entweder du lügst oder du spinnst.
– Ich bringe sie schon zum Reden. Das ist mein Beruf.
– Wie machst du das, Bruder? fragte Pilz mit unruhiger Neugier. Folter?
– Das hab ich nicht nötig, gab ich zur Antwort, du kennst doch den Stamm der Kissi.
– Seit fünfzehn Jahren. Niemand kennt die Kissi besser als ich.
– Da haben wir ebenfalls einen Film gedreht. Über die Medizinmänner und so weiter.
– Habt ihr was gelernt? fragte der Elsässer mit wachsendem Mißbehagen?
– Vielleicht.
– Gelernt oder nicht gelernt?
– Einige Tricks, sagte ich unschuldig, die Sache mit dem Haar zum Beispiel.
– Kenne ich nicht, keuchte er, wie geht das?
– Du kennst doch die Nummer, Mensch. Ich nehme jemandem ein Haar weg und kann ihn durchschauen. Ich fixiere ihn. Blicke ihm tief in die Augen und sage ihm die Vergangenheit. Oder die Zukunft. Oder lese seine Gedanken. Ich drücke das Haar zwischen Daumen und Zeigefinger. Der andere fängt an zu schwitzen und ist entlarvt.

– Das hast du ihnen abgeguckt? fragte Pilz, indem er von mir wegrückte und seine Hand in die Tasche gleiten ließ, wo der Bolzen steckte.
– Abgeguckt ja, aber ich würde nie versuchen, es anzuwenden.
– Warum?
– Weil ich kein Haar brauche, um die Leute zu durchschauen. Oder sie zum Reden zu bringen. Bei mir reden die Leute von selbst.
– Ich nicht, Bruder. Ich sage nur, was ich will – und bei diesen Worten trat ihm der Schweiß auf die Stirn. Die kalte Angst stand in seinen Augen. Unvermittelt brüllte er los:
– Du schwindelst, Bruder! Du kannst nicht wahrsagen.
– Ich würde nie versuchen, es zu tun, hab ich gesagt. Aber wenn es sein muß ... sag mir ein Datum aus deinem Leben!
– Ein Datum willst du wissen? sagte Pilz mit zögernder Stimme. Bitteschön! Den vierzehnten Februar 1943. Aber mach dir keine Illusionen! Mich bringst du nicht zum Reden.
– Ich soll erraten, was an jenem Tag passiert ist. Am vierzehnten Februar 1943?
– Wenn du das herausknobelst, Bruder, bist du stärker als ich.
– Nimm dich in acht! mogelte ich, ich habe schon andere Geheimnisse erraten.
– Warte fünf Minuten, ich bin gleich wieder zurück.
– Ist dir nicht gut? fragte ich voll heuchlerischer Anteilnahme und blickte ihm fest in die Augen.
– Einen Augenblick, versteesch. Ich muß schnell verschwinden.
– Vielleicht weil du Angst hast. Am vierzehnten Februar 1943 ...
Was sollte ich machen? Ich war doch kein Wahrsager. Ich hatte auch keinen sechsten Sinn. Nur logisch denken konnte ich und kannte mich aus in der Weltgeschichte. Darum spe-

kulierte ich, im Bruchteil einer Sekunde, alle Beobachtungen zusammen, die ich im Verlaufe des Abends angestellt hatte. Er war ein Grenzfall. Im wahrsten Sinn dieses Ausdrucks. Weder Fisch noch Vogel. Ein herumgeschubster Niemand, der stets zu kurz gekommen war und davon träumte, jemand zu sein. Eine Prominenz, der man zujubelt. Geliebt möchte er werden, doch sein Fall ist hoffnungslos. Er besitzt Millionen, aber niemand mag ihn leiden. Die Franzosen verachten ihn wegen dem deutschen Akzent. Die Deutschen, weil er zu Frankreich gehört. Überall ist er ein Fremder. Er wirbt um die Menschen, schwerfällig und großmäulig, und der Erfolg läßt auf sich warten. Was bleibt ihm übrig, dem armen Pilz?

– Am vierzehnten Februar 1943 bist du übergelaufen. Bleib sitzen, Mensch! Ich nehm es dir gar nicht übel. Zum Rommel bist du übergelaufen, der an jenem Tag seinen letzten Siegeszug begann. Du warst in der Sandwüste. Zwischen dem Tschadsee und der Festung Tobruk. Im Arsch der Welt und hast noch nicht gewußt, daß Deutschland den Krieg bereits verspielt hatte. In den Trümmern von Stalingrad. So ist es gewesen, und jetzt wagst du nicht zurückzukehren, weil du Angst hast, man würde dich aufhängen. Versteckst dich im Urwald und spielst den lieben Gott.

– Willst du sagen, Bruder, ich sei ein Verräter?

– Nichts will ich sagen. Ich begreife dich. Bist übergelaufen zu dir selbst.

– Mach mit mir, was du willst, sagte er tonlos und legte seinen Bolzen auf den Tisch. Ich hockte auf meinem Stuhl. Bewegte mich nicht. Schaute ihn an und bemerkte, daß seine Augen feucht wurden. Er schluckte und fragte leise:

– Was soll jetzt weitergeschehen, Bruder?

– Wir reisen weiter, Gottlieb. Kannst mitkommen, ich meine es ehrlich.

Er kam nicht mit. Am nächsten Morgen war er verschwunden.

Marx-Baby

Ich will berichten, warum der Urenkel von Karl Marx geweint hat, in seinem siebzigsten Lebensjahr, unter einer Dattelpalme.

Segret hatte ihm den Spitznamen ›Marx-Baby‹ gegeben. Und der saß, wie ein Handschuh. Gottseidank weiß er nicht, daß ihn alle so nennen, das würde ihn umbringen. Eigentlich ist ja nichts Ehrenrühriges an diesem Wort. Und trotzdem, ich möchte nicht so genannt werden. Caesar-Baby oder Napoleon-Baby. Das ist peinlich. Aber Segret hat ein loses Maul. Er trifft immer ins Schwarze mit seiner Niedertracht.

Robert-Jean Longuet saß in einem paradiesischen Garten. Die Welt war voller Jasminduft, und er tat, als schreibe er etwas ungemein Wichtiges. Hin und wieder kam ein Kellner und brachte Whisky mit Eis. Er lehnte in einem Sessel und sog die Luft ein. Mühsam und genußvoll zugleich. Seine Nase schien noch spitzer, noch bedeutungsvoller als sonst. Er schnaufte mit hochgezogenen Nüstern und sah weder mich noch Capazza, obwohl Capazza nicht zu übersehen ist. Seine Haut war käsig. Seine Augen waren hervorstehend. Alles in allem ein abstoßender Mensch. Segret sagt, er sei ein Reptil. Das finde ich auch. Und außerdem hat er einen Tick.

Robert-Jean Longuet schreibt fleißig, mit Unterbrechungen. Ich möchte gern wissen worüber. Niemand hat je etwas gelesen von ihm. Jedenfalls nichts Wichtiges. Sein Geist reichte vielleicht für eine Rede vor Gericht, oder für einen Brief an die Redaktion. Sein Stil war nicht schlecht, zugegeben, manchmal sogar witzig. Aber was er sagte, war nicht neu, man hatte alles schon einmal gehört. Es war ungefähr so originell, wie die marxistische Literatur. Gut zusammengestohlen.

Segret vergleicht ihn mit einer fleischfressenden Pflanze. Marx-Baby sitzt also im Garten und wartet, mit orchideenhaftem Gleichmut. Er lauert wie ein Fettkraut. Ohne Zähne noch Krallen. Und doch fängt er Fliegen, löst sie auf und verdaut sie, ohne Schuldgefühl. Weder die fleischfressenden Pflanzen noch die Marxisten haben Schuldgefühle. Schuld sind die andern. Das ist wissenschaftlich erwiesen. Das ist ein Naturgesetz.

Was sein muß, steht jenseits von Gut und Böse. Marxisten weinen nie. Sie leiden auch nicht an Schlaflosigkeit. Sie warten auf das Eintreffen des Unvermeidlichen. Wenn es eintrifft, lächeln sie, wie die, die alles vorausgewußt haben. Und wenn es nicht eintrifft, warten sie weiter. Irgendwann und irgendwo muß es passieren.

Marx-Baby war kein Marxist im landläufigen Sinn. Er war viel mehr. Ein direkter Abkömmling des Propheten. Ein genealogisch unanfechtbarer Urenkel von Karl Marx. Bei den Marokkanern hieße er Scheriff, so wie man denjenigen nennt, der seine Herkunft beweisen kann. Durch die Jahrhunderte, bis nach Mekka und Medina.

Sein Vater hieß Jean Longuet. Er war Vorsitzender der sozialistischen Fraktion im französischen Parlament, befürwortete den ersten Weltkrieg gegen die preußische Herausforderung und ging in die Geschichte ein, weil Lenin über ihn schrieb, er sei ein liberaler Scheißer, ein Kettenhund des Imperialismus und Verräter der internationalen Arbeiterklasse.

Der Vater seines Vaters war aus anderem Holz. Er hieß Charles Longuet, war ein Held der Pariser Kommune, der ersten proletarischen Revolution, und Lenin hat nichts Schlechtes über ihn geschrieben. Als im Mai 1871 dreißigtausend Kommunarden an die Wand gestellt wurden, weil sie für ihre Träume auf die Barrikaden gegangen waren, entwischte Charles Longuet nach London. Dort ging er schnurstracks zu Karl Marx und berichtete über die Ereignisse, wobei er die eigenen Leistungen gebührend herauszustreichen wußte. Zum Lohn gab ihm der Patriarch seine Tochter. Wie im Märchen. Die Kronprinzessin für den proletarischen

Helden, und Charles Longuet wurde der Schwiegersohn von Karl Marx.
Vom Urgroßvater bis zum Urenkel gingen die Jahre ins Land. Sowohl der Marxismus als auch die Erbsubstanz haben sich verdünnt seit vier Generationen. Karl Marx pflegte zu sagen, der Klassenkampf sei die Lokomotive der Weltgeschichte. Jean Longuet pfeift auf die Lokomotive, sitzt im Garten eines marokkanischen Luxushotels, als Ehrengast des Sultans, und läßt sich Whisky servieren.
Das war nicht immer so. Es gab auch heroische Zeiten in seinem Leben. Es gab sogar Augenblicke der Leidenschaft, die man ihm heute kaum mehr zutraut. Aber die liegen weit zurück, kurz vor Ausbruch des ersten Weltkriegs. Er studierte noch Rechtswissenschaft an der Pariser Universität. Die Sommerferien verbrachte er in einem exquisiten Hotel von Juan les Pins, wo er fern von allen Klassenkämpfen Romane las und Tennis spielte. Das war sein Verhängnis, denn er spielte mit einer russischen Fürstin, die damals 18 Jahre alt war. Sie hieß Olga Nikolajewna. Sie hatte goldenes Haar, das bis zu den Hüften reichte und einen Silberblick, dem niemand widerstehen konnte.
Da aber Liebe und Leidenschaft bürgerliche Vorurteile sind, brachte es der Urenkel nicht über sich, seine Gefühle in Worte zu fassen. Drei Monate lang setzte er zum großen Sprung an, doch jedesmal kreischte in seinem Innern eine Bremse auf. Drei Monate lang malte er sich aus, welch himmlische Freuden er genießen könnte, drei Monate lang ließ er sich verzaubern, monatelang schmachtete er sie an und sagte kein Wort, bis der Sommer zu Ende ging und ein anderer Mann auftauchte. Auch er der Abkömmling eines Propheten, Mohammed aus Arabien.
Er hieß Dschebli, stammte aus Fes, war ein Scheriff der vierundsechzigsten Generation, konnte seine Herkunft nachweisen und hatte smaragdfarbene Augen. Seine Haut war olivengrün und weich wie Safianleder. Seine Stimme war wie die Trompete von Jericho, und wenn er sprach, stürzten die

Mauern ein. Die Frauen himmelten ihn an. Auch er spielte Tennis mit Olga Nikolajewna. Er besiegte sie dreimal; dann verneigte er sich vor ihr und bat um ihre Hand. Sie sagte ja, ohne mit der Wimper zu zucken. Aus verschiedenen Gründen. Erstens aus Ärger über den Rechtsstudenten aus Paris. Zweitens zur Festigung ihres Selbstbewußtseins, denn sie hatte es in den drei Monaten beinahe verloren. Drittens wollte sie endlich einen Mann in ihre Arme schließen, weil man – wie die Russen sagen – im Herbst entweder erntet oder sich aufhängt. Und schließlich war es ihr egal, wer sie heimführte; vorausgesetzt, daß der Mann gut aussah und seine Herkunft beweisen konnte. Im September fuhren die beiden nach Marokko. Im Oktober rief man Paukenschläger und Schalmeienspieler. Die Hochzeit wurde gefeiert und Robert-Jean Longuet biß sich in die Faust, weil er wieder einmal auf die Stimme der Vernunft gehört hatte, statt auf die des Herzens.

Im Jahr 1930 hatte die französische Regierung einen Anfall von Schwachsinn. Auf Anraten ihres Generalresidenten in Rabat beschloß sie, die marokkanischen Berber zum Christentum zu bekehren. Gott allein weiß, wer hier den Anstoß gegeben hatte. Vielleicht nur der senile Generalresident. Vielleicht die Jesuiten oder gar der Papst. Jedenfalls wäre alles anders gekommen ohne diese Dummheit. Jahrzehntelang war es ruhig geblieben zwischen Riff und Atlas. Man hatte Schwierigkeiten in Westafrika und Polynesien. Aber nicht in Marokko. Darum mußte man etwas erfinden, was Probleme schafft, und man erfand das Berberdekret, das eine Kettenreaktion von Katastrophen auslöste. Jahrzehnte waren die Marokkaner untereinander zerstritten gewesen. Araber gegen Berber, Grundbesitzer gegen Fellachen. Unternehmer gegen Proletarier, Beduinen gegen Haratin. Erst der Christianisierungsbeschluß brachte es fertig, die tausend Splitter zu einer Nation zusammenzufügen. Jetzt erglühte ein heiliger Zorn in 16 Millionen Herzen. Die gottlosesten Sünder erinnerten sich ihrer Religion. Die Moscheen füllten sich wieder. Der Ruf des Muezzins dröhnte leidenschaftlich von unzähligen Minaretten; und sogar ein Scheriff Dschebli, der sich den Genüssen der Liebe und des sorglosen Müßiggangs hingegeben hatte, erwachte und schrieb einen Protestbrief an die Königin von Holland. Eigentlich wollte er an den Internationalen Gerichtshof schreiben. Im Haag. Aber er kannte sich nicht aus in politischen Dingen, und aus seinem Irrtum entstand eine zweite Kettenreaktion, der Robert-Jean Longuet die großen Tage seines Lebens verdankte.

Im Mai 1931 schrillte die Glocke an der Tür des Anwaltbüros, rue Saint-André des Arts, in Paris. Marx-Baby war 38 Jahre alt, leicht verknöchert schon und junggesellenhaft gebeugt, so wie es sich gehört für einen angesehenen Advokaten. Er machte auf und glaubte, einen Geist zu sehen. Das war sie. Olga Nikolajewna. 18 Jahre alt wie damals. Mit goldenem Haar bis zu den Hüften und einem herrlichen Silberblick. Sie war es und sie war es nicht. Das Mädchen seiner Träume. Nur etwas dunkelhäutiger. Er stand da wie angewurzelt, ratlos, brachte kein Wort hervor, bis die Erscheinung plötzlich losbrach:

– Sie sind ein Scheusal, Monsieur. Ein eifersüchtiger Türke. Sie rächen sich an meinem Vater, weil er mehr Erfolg hatte als Sie. Weil er meine Mutter heimführte und nicht Sie. Hamdullilah, sagt man bei uns. Gott sei Dank! Sonst wären Sie mein Vater, und ich die Tochter eines Feiglings.

– Darf ich wissen, in welcher Angelegenheit ...

– Mein Vater hätte sich anders verhalten, Monsieur. Auch wenn sein Todfeind ihn um Hilfe gerufen hätte. Drei Briefe hat er Ihnen geschrieben. Drei Schreie aus dem Gefängnis. Weil er glaubte, ein französischer Advokat sei ein Ehrenmann. Aber Ihre Eitelkeit ist stärker als Ihr Rechtsempfinden. Ich verachte Sie. Wenn ich ein Mann wäre, würde ich Sie zum Duell fordern und mit Lust würde ich Sie erschießen!

– Ihr Vater ist im Gefängnis, sagen Sie?

– Das wissen Sie so gut wie ich. Seit Monaten. Im Militärgefängnis von Fes. Wie ein Hund. Und man wird ihn aufhängen, weil Sie sich freuen, daß Ihr Rivale zugrunde geht. Sie nehmen Rache an ihm und lehnen es ab, ihn zu verteidigen ...

– Ich habe keinen Brief erhalten, Mademoiselle. Ich hatte nie die Absicht, mich an Ihrem Vater zu rächen. Nicht einmal an Ihnen, obwohl Sie mich verletzen. Aber ich bin bereit, den Fall zu übernehmen.

– Wann?

– Jetzt, wenn Sie wollen.

– Sie machen sich lustig über mich.

– Wir fliegen noch heute.

Das Mädchen hieß Leila, halb Marokkanerin, halb Russin. Sie konnte rachsüchtig sein und haßerfüllt. Aber auch liebevoll und überschwenglich. Schnell konnte das umschlagen, in einem Augenblick, von unmäßigem Zorn in süßeste Zärtlichkeit. Jetzt warf sie sich Longuet an den Hals, umarmte und küßte ihn heftig.

– Beweisen Sie mir, daß Sie ein Mann sind, Monsieur; Sie werden es nicht bereuen!

Longuet war entschlossen, den Beweis zu erbringen. Diesen Prozeß mußte er gewinnen, koste es, was es wolle. Die Aussicht auf Ruhm und Dankbarkeit verjüngte seinen Geist und beflügelte seine Zunge.

Am selben Abend landeten sie in Casablanca. Mit dem Nachtzug fuhren sie weiter. Nach Rabat und von dort nach Fes. Was weiter geschah, ist ein Stück Weltgeschichte.

Die französische Regierung hatte beschlossen, sich lächerlich zu machen. Angefangen hatte es mit dem Christianisierungsdekret. Und jetzt stellte sie einen Mann vor Gericht, der ganz offensichtlich nicht wußte, was er tat und in seiner Ignoranz an die Königin von Holland geschrieben hatte. Die Anklage lautete auf Hochverrat. Nicht mehr und nicht weniger. Und auf Hochverrat stand die Todesstrafe. Dschebli, so erklärte man, habe eine fremde Macht um Hilfe angerufen. Das sei Anstiftung zur Einmischung in die inneren Angelegenheiten

Frankreichs und Aufwiegelung zur militärischen Intervention. Zum Einmarsch der holländischen Armee, um die missionarische Tätigkeit Frankreichs zu durchkreuzen und die Bekehrung der Berber zu verhindern. Das war absurd, ganz offensichtlich. Aber die Politik beruht auf Absurditäten, und Robert-Jean Longuet hielt das Plädoyer seines Lebens. In ihm loderte ein altes Feuer wieder auf, und eine innere Stimme flüsterte ihm zu: Beweisen Sie, daß Sie ein Mann sind, Monsieur. Sie werden es nicht bereuen! – Was meinte sie wohl damit, die Hexe? Meint sie überhaupt etwas oder will sie mich zum Narren halten?

– »Stellen Sie sich vor, wie das gewesen ist, hoher Gerichtshof: die Königin von Holland bekommt einen Brief aus Marokko. Sie weiß nicht viel mehr über Politik als unser Scheriff aus Fes. Darum schickt sie das heiße Eisen ihrem Kanzler. Der Kanzler überfliegt die Sache, sieht, daß es sich um französische Kolonialpolitik handelt und übermittelt den Brief an den französischen Botschafter im Haag. Der französische Botschafter erklärt, daß er nicht zuständig sei und gibt den Brief weiter. Ans Innenministerium nach Paris. Endlich ist das Schreiben bei kompetenten Leuten. Hier kennt man sich aus in französischer Kolonialpolitik. Man verfügt die Festnahme meines Mandanten und dessen Verklagung auf Hochverrat. Aber bedenken Sie, meine Herren: Hochverrat gegen wen? Gegen die französische Republik, natürlich! Nur ist das nicht so natürlich, wie es scheint. Meine Republik, zum Beispiel, fühlt sich nicht verraten durch den Scheriff Dschebli. Meine Republik liegt in Westeuropa und nicht in Nordafrika. Marokko gehört weder mir noch Ihnen, meine Herren! Marokko ist ein französisches Protektorat. Frankreich ›schützt‹ Marokko, wobei zu beachten ist, daß uns Marokko nie um unseren Schutz gebeten hat. Wir haben ihm unseren Schutz aufgezwungen. Mit unserer Fremdenlegion und unserer Kriegsmarine. Mit unseren Beamten und Generalen und Pfaffen. Und jetzt wollen wir es christianisieren. Doch wohl nicht im Rahmen unserer Schutzverträge? Oder

wollen wir die Marokkaner vor ihrer eigenen Religion schützen, vor ihrer tausendjährigen Tradition, vor ihrer uralten Kultur?
Wir klagen einen marokkanischen Scheriff an, der in seiner Naivität zu glauben wagte, Marokko sei ein unabhängiges Land, das allenfalls unter französischem Schutz steht. Und er schrieb an die Königin von Holland, die er mit dem Internationalen Gerichtshof im Haag verwechselte. Wenn er wirklich eine militärische Einmischung erstrebt hätte, würde er an die Engländer geschrieben haben. Oder an die Deutschen. Er schrieb aber an die Königin von Holland, weil er meinte, sie sei eine internationale Institution, die man um Hilfe anruft, wenn einem Unrecht geschieht. Das ist sonnenklar, und nur die Phantasielosigkeit eines Staatsanwalts kann darin eine hochverräterische Absicht erkennen. Und übrigens kann mein Mandant nur wegen Hochverrat an Marokko angeklagt werden. Seine Heimat ist nicht unsere Heimat. Seine Stadt wurde gegründet, als wir noch in Erdlöchern hausten und rohes Fleisch fraßen. In seiner Stadt steht die älteste Universität der Welt, die berühmt ist für intellektuelle Größe und geistige Toleranz. Wenn mein Mandant gegen die Christianisierung protestiert, ist das nicht Hochverrat sondern Sorge um die Substanz seines Volkes. Um die Freiheit seiner Mitbürger, nach ihrer Fasson selig zu werden. Wenn Sie den Scheriff Dschebli verurteilen, bestätigen Sie damit, daß Marokko kein Protektorat mehr ist, sondern eine Kolonie. Daß Sie Marokko nicht schützen, sondern knechten. Tun Sie das, wenn Sie es nicht lassen können, doch machen Sie sich darauf gefaßt, daß die ganze Welt mit Fingern auf Sie zeigt; daß die Völker von Ihnen sagen, Sie seien eine Bande von Piraten und Rechtsbrechern. Daß Ihnen der Protektoratsvertrag nicht mehr wert sei als ein Fetzen Papier. Wenn Sie das aber nicht wünschen, dann sprechen Sie meinen Mandanten frei. Beweisen Sie, daß es noch Richter gibt in unserem Staat, und bestrafen Sie die Dummköpfe, die ewig Gestrigen, die uns durch ihre Sturheit in den Abgrund stürzen!«

Da geschah etwas, was im französischen Militärgericht von Fes noch nie geschehen war. Ein Mädchen stand auf, mit langem Goldhaar, wildem Blick, und rief mit samtweicher Stimme: »Bravo, Monsieur, Sie sind ein Mann!« Nun standen die Anwesenden auf und brachten Longuet eine Ovation dar. Der Angeklagte war überglücklich. Tränen rannen über seine Wangen, und der Vorsitzende ließ den Saal räumen, damit es nicht zu Tumulten komme. Gegen den Staatsanwalt – höchstwahrscheinlich.
Scheriff Dschebli wurde freigesprochen. Der Generalresident der französischen Regierung mußte demissionieren. Es kam ein anderer Generalresident, der zwar nicht versuchte, die marokkanischen Berber zum Christentum zu bekehren, jedoch andere Fehler machte, die den Tag der Unabhängigkeit näher rückten. Marx-Baby war über Nacht zum Staranwalt geworden. In New York und Berlin, Moskau und Paris nannte man ihn auf den Titelseiten der größten Zeitungen: Robert-Jean Longuet, ein Cicero gegen die französische Kolonialpolitik; der Killer des Generalresidenten; der Liebling aller Unterdrückten! Kaum hatte er sein Plädoyer beendet, wurde er in dringender Sache nach Frankreich gerufen. Er hatte nicht einmal Zeit, sich von der bezaubernden Leila zu verabschieden, und flog unverzüglich nach Paris zurück. Am Flughafen wurde er von einer jubelnden Menge nordafrikanischer Studenten empfangen. Man feierte ihn als den Helden des Maghreb, und ein junger Mann, der fünfundzwanzig Jahre später Ministerpräsident im unabhängigen Marokko werden sollte, begrüßte ihn mit den Worten:
»Lieber Freund Longuet; wir verehren in Ihnen einen Urenkel von Karl Marx, doch heben wir Sie auf unsere Schultern als den Urvater eines freien Marokko!«
Endlich. Zum ersten Mal war er nicht mehr der Urenkel. Jetzt war er mehr. Das Idol der marokkanischen Nationalisten und – in der Folge – Experte der französischen Linksparteien in Fragen Nordafrikas. Das war sein Glück und sein Verhängnis.

Bevor ich weiterfahre, muß ich erzählen, was aus den beiden geworden ist, aus Longuet und dem wundervollen Mädchen. Gar nichts! Sie schrieb ihm einen Brief, in dem es hieß, ihr heißer Dank sei nichts im Vergleich mit der Liebe des marokkanischen Volkes, das ihn für immer ins Herz geschlossen habe. Das sei sicher die schönste Belohnung für alles, was er getan habe. Sie werde nächstens nach Paris kommen, mit ihrem Vater und ihrem Bräutigam und so weiter ...
Nicht deshalb hat er geweint. Wenigstens nicht, als ich ihn im Jahre 1961 besuchte. Mit dem reptilienäugigen Capazza, der den peinlichen Tick hatte, immer mit der linken Schulter zu zucken. Damals war dieses Intermezzo längst vergessen. Leila war Großmutter, und Marx-Baby etwas senil geworden. Er wohnte als Ehrengast des Sultans im Hotel Tour Hassan. Als Belohnung natürlich. Für jene historische Rede vor dem Militärgericht in Fes.
Ich konnte Capazza nicht leiden, obwohl er alles tat, um meine Freundschaft zu gewinnen. Ich fand Ausreden, um ihm aus dem Weg zu gehn. Was zuckte er auch ständig mit der Schulter, als wolle er etwas abschütteln? Segret behauptet, er sei ein Spitzel. Das darf man nicht sagen. Das ist eine Gemeinheit. Aber vielleicht stimmt es in diesem Fall. Man hatte irgendwie das Gefühl, er schnüffle für jemanden. Nicht aus Geldgier aber aus innerem Bedürfnis. Um eine Rolle zu spielen und Menschenschicksale zu beeinflussen, was er sonst nicht konnte, weil er zu unbedeutend war.
Er warb um meine Sympathie, weil ich beim Fernsehen arbeitete. Ich hatte mit Schauspielern zu tun und Künstlern. Ich kam mit Politikern zusammen und hervorragenden Leuten. Hervorragend in Marokko; aber das genügte ihm. Er liebte es, Personen zu kennen, die Personen kannten, die an den Fäden zogen. Daraus entstand eine Bekanntschaft, die mir stets etwas peinlich war.
Auch er war einer von denen, die an ihrer Herkunft leiden. Sein Vater war zwar kein Prophet, kein Abkömmling irgendeines Stammvaters, aber immerhin ein Held, der in den

Schulbüchern abgebildet ist: Louis Capazza, der Pilot, der als erster das Mittelmeer überflog. Mit heiler Haut von Marseille nach Algier. Im einmotorigen Doppeldecker. In sieben Stunden und 23 Minuten. Auf der Cannebière steht ein Standbild und darunter eine imposante Inschrift.
Sein Vater war also ein französischer Lindbergh, und immer wieder fragte man ihn, ob er nicht der Sohn jenes Capazza sei, der als erster nach Afrika geflogen ist. Darauf pflegte er zu antworten: Jawohl, der bin ich, aber leider wurde ich weder gekidnappt noch in Stücke geschnitten, sonst wäre ich heute berühmter und müßte nicht mein Geld verdienen, als Schalterbeamter, in einer Wechselstube, für einen Hungerlohn!
Als man ihm zum tausendsten Mal dieselbe Frage gestellt hatte, packte Capazza seinen Koffer und wanderte aus. Nach Marokko. Das war in den zwanziger Jahren, und niemand merkte, daß er weg war. Er ging nach Afrika, um das Gruseln zu lernen, doch er kam zu spät. Die Zeit des Gruselns war vorbei. Schon führten Asphaltstraßen über den hohen Atlas, und in jeder Oase gab es ein Bordell für die vorbeireisenden Touristen. Casablanca war eine gewöhnliche Hafenstadt geworden. Mit weißen Wolkenkratzern, besoffenen Matrosen und syphilitischen Mädchen. Eine Kreuzung zwischen Nizza und Neapel. Capazza wurde weder Kameltreiber noch Löwenjäger. Er wußte nicht einmal, daß es noch Panther gab in den Zedernwäldern von Immuzer, weil er nie ins Landesinnere fuhr. Er wurde Bankangestellter im Hafenviertel und grämte sich, weil ihn niemand kannte. Weil ihn niemand fragte, ob er der Sohn jenes Capazza sei, und so weiter. Jahrelang grübelte er, wie er aus der Namenlosigkeit herauskommen solle, und kam zum Schluß, daß es nur zwei Möglichkeiten gebe: die Unterwelt oder den Kommunismus. Aber die Unterwelt war übervölkert. Es gab mehr Zuhälter in Casablanca als Teppichhändler, mehr Heroinschmuggler als Wurstverkäufer, und so entschloß er sich für den Kommunismus, der damals noch in seinen Anfängen

steckte. Dort war er sozusagen der erste, und er sagte sich: lieber der erste in Casablanca als der zweite in Marseille. Nach dreimonatiger Mitgliedschaft kam ein Genosse aus Paris und ernannte ihn zum Sektionssekretär, zum festangestellten Beamten der Kommunistischen Partei Frankreichs in Casablanca, wo man zu jener Zeit rund fünfzig Mitglieder zählte. Ich muß hinzufügen, daß es ein vorrangiges Ziel dieser Sektion war – so stand es in den Statuten –, die Befreiung der Kolonialvölker voranzutreiben und die Saat von Marx und Lenin in den Herzen der unterentwickelten Massen aufgehen zu lassen. Leider waren die unterentwickelten Massen abwesend. Es gab keinen einzigen Marokkaner in der Partei. Aus Paris und Moskau kamen Kisten von Büchern. Über die nationale Frage, über das Kolonialproblem, über den Befreiungskampf der unterdrückten Völker; aber alles auf französisch. Niemand hatte daran gedacht, daß die Eingeborenen ihre Eingeborenensprache hatten. Zum Beispiel arabisch. Und daß die wenigsten lesen konnten. Capazza tat, was er konnte, aber was konnte er schon? Irgend etwas stimmte nicht. Entweder mit den unterdrückten Massen oder mit dem Kommunismus oder mit beiden zusammen; doch das behielt er für sich.

Segret sagt, Capazza habe die Visage eines falschen Zeugen. Ich finde das auch, obwohl man einen Menschen nicht nach seinem Äußeren beurteilen soll. Ich habe auch nie versucht, Capazza zu beurteilen. Ich ging ihm einfach aus dem Weg. Aber manchmal gelang es nicht.

Als er an jenem Nachmittag bei mir anklopfte, um ein wenig mit mir zu plaudern, wie er sich ausdrückte, entschlüpfte mir die Ausrede, die ich besser für mich behalten hätte. Ich sagte, ich sei verabredet. Er zuckte mit der linken Schulter und fragte, mit wem ich denn verabredet sei, und ich antwortete, mit einem gewissen Robert-Jean Longuet, was weder gelogen war noch der Wahrheit entsprach. Ich hatte Marx-Baby versprochen, bei Gelegenheit vorbeizukommen, und die Gelegenheit war gekommen. Als ich den Namen nannte, wurde

Capazza bleich. Sein Eidechsenblick erstarrte, und er setzte sich, um Atem zu holen. Dann erklärte er mir, mit vor Erregung zuckender Schulter, er müsse mich begleiten. Es tue ihm leid, sich aufzudrängen, aber es gehe um eine Tragödie, die aufgeklärt werden müsse. Jetzt oder nie!

Es gab kein Zurück mehr. Ich mußte die beiden Männer zusammenbringen, obwohl ich Übles ahnte. Wir bestiegen ein Taxi und fuhren ins »Tour Hassan«. Es war ein heißer Nachmittag, und die Kühle des Gartens hätte mir doppelt wohlgetan, wenn nicht dieses Reptil mit mir gekommen wäre. Longuet saß, wie ich schon mitteilte, in seinem Sessel und kritzelte. Er zeigte nicht die geringste Absicht, von uns Notiz zu nehmen. Plötzlich fragte er, ohne aufzuschauen, mit einem Anflug von Feindseligkeit in der Stimme: »Wer ist dieser Mensch?«

Auch ich stellte mir diese Frage. Immer wieder. An jenem Nachmittag erzählte Capazza eine Geschichte, die mir zeigte, daß er ein Bürokrat war. Gewissenhaft bis zur Seelenlosigkeit. Einer der lieber stirbt, als seine Pflicht zu vernachlässigen. Nein. Einer, der lieber andere sterben läßt, als seine Pflicht zu vernachlässigen.

– Sie kennen die Ereignisse. Februar 1936. Parlamentswahlen in Spanien. Die Volksfront kommt an die Macht. Vier Monate später bricht eine Militärrevolte aus. Der Faschistengeneral Franko setzt von Spanisch-Marokko über die Meerenge von Gibraltar und versucht die legale Regierung zu stürzen. Mit marokkanischen Soldaten gegen die spanische Volksfront. In jenen Tagen sitze ich in Casablanca, rue de Strasbourg, und schreibe meinen Jahresbericht für das Zentralkomitee in Paris. Plötzlich geht die Türe auf, und ein Matrose kommt herein. Keine Ahnung, wie er hieß. Ich kann mich nur erinnern, daß er aussah wie ein Bierfaß. Der Schweiß rinnt ihm übers Gesicht. Als ich ihn frage, was er will, fragt er zurück, ob ich der Parteisekretär sei. Ja, sage ich. Ich bin der Parteisekretär. Ob ich einen Ausweis habe? Natürlich hab ich einen Ausweis. Was geht denn Sie das an?

Ich solle ihn vorweisen, sagt das Bierfaß, sonst werde er nicht abliefern, was er mitgebracht habe. Ich platze vor Wut, aber ich zeige den Ausweis. Da knöpft er die Hosen auf, zieht sein Hemd hervor und aus dem Bierfaß wird ein schlanker Jüngling. Zwanzigtausend Flugblätter flattern auf den Boden. Der Kerl salutiert und meldet: Befehl ausgeführt, Genosse Parteisekretär. Die Zentrale in Marseille läßt sagen, das Material sei im Riff zu verteilen. Und zwar sofort. Hier ist ein Brief!
Der Matrose ging, und ich blieb mit einem Parteibefehl und zwanzigtausend Flugblättern in arabischer Sprache. Was darauf stand, wußte ich nicht. Im beiliegenden Brief hieß es: »Werter Genosse! Dieser Aufruf an die Bevölkerung von Spanisch-Marokko muß vor dem 15. August zur Verteilung gelangen.« Das war nicht so einfach. Das Riff gehörte damals zu Spanien. Casablanca zu Frankreich. Ich mußte jemanden finden, der mir das rüberbrachte. Aber wen? Und das Zeug war arabisch. Das müßte zuerst mal übersetzt werden, dachte ich. Ich suche herum und finde niemand. Bei uns kann doch niemand arabisch. Ein amtlicher Übersetzer? Auf die kann man sich nicht verlassen, arbeiten mit der Polizei zusammen. Also rüberbringen und basta! Wir hatten zwei Piloten. Keine Parteimitglieder aber Sympathisanten. Die waren bei der Heuschreckenbekämpfung und warfen Chemikalien über der Landschaft ab. Solche Flugzeuge sind harmlos. Man kümmert sich einen Pfifferling um sie. Ich lasse die beiden kommen und frage, ob sie bereit wären, dieses Material über dem Riff abzuwerfen. Klar, sagt der Jüngere. Mit Vergnügen, sagt der Ältere. Wenn wir wissen, was da drin steht! – Mußt du doch nicht wissen, sage ich. Ein Flugblatt und Schluß. Wirfs ab und mach dir keine Sorgen. Der Ältere wird böse: du weißt nicht, was drin steht; ich weiß nicht, was drin steht. Niemand weiß, was drin steht. Vielleicht ist es von den Faschisten und wir sollen da mitmachen, Genosse? Kommt nicht in Frage.
Piloten sind Dickschädel. Darum versuchte ich es mit einem

Eisenbahner. Der fuhr auf der Strecke Marrakesch-Tanger und war einverstanden: nehme ich mit und geb es den Genossen in Xar el Khebir. Die bringen es weiter nach Tetuan und Alhuceimas! Ich packte ihm die Flugblätter in ein Paket und wünschte viel Glück. Da dreht er sich um und will wissen, was denn geschrieben steht auf dem Papier. Keine Ahnung, sage ich. Ist arabisch und arabisch kann ich nicht! Ich auch nicht, sagt der Eisenbahner, nimmt ein Taschenmesser, macht das Paket auf und setzt eine Brille auf die Nase. Nichts kann er lesen. Nur die Unterschrift. Die war in lateinischen Buchstaben: Robert-Jean Longuet!
Marx-Baby stellte seinen Whisky auf das Rolltischchen, das neben ihm stand und setzte sich auf:
– Das Flugblatt war von mir, wollen Sie sagen?
– Ich will überhaupt nichts sagen, aber Ihr Name stand darunter.
– Wie soll ich mich erinnern, ob ich so etwas geschrieben habe? Das war vor 25 Jahren!
– Lassen Sie mich weiter erzählen, das war erst der Anfang. Ich konnte niemanden finden, der mir die Sache erledigt hätte. Da kam mir Cohen in den Sinn, der berühmte Moses Cohen, der das ganze Mittelmeer mit Erdnüssen belieferte. Er hatte eine Fabrik in Port-Lyautey, und wir kannten uns noch aus der Zeit, als er kein Geld hatte und ich bei der Bank arbeitete. Ich fuhr also hin und fragte ihn gerade heraus, ob er auch Erdnüsse nach Spanisch Marokko verkaufe. Selbstverständlich, antwortete er. Ich verkaufe überall. Sogar dem Papst verkaufe ich, und der weiß, daß ich ein Jude bin. Da rückte ich heraus mit der Sprache. Ich hätte da eine Ehrenschuld. An Freunde, denen ich sehr verpflichtet sei. In Marseille. Zwanzigtausend Reklamezettel, und ob Cohen nicht bereit wäre, sie in seine Konserven zu verpacken. Es sei äußerst dringend!
Cohen war ein braver Kerl. Er lächelte und brummte: Wenn es nicht für die Konkurrenz ist, in Gottes Namen!
Ich zeigte ihm die Unterschrift und Cohen grinste: Robert-

Jean Longuet; so einen gibt es nicht in der Branche. Geben Sie die Ware her!
Die Flugblätter wurden zusammengefaltet und in zwanzigtausend Konservenbüchsen verteilt. Sie wurden ins Riff spediert, und das ist die erste Hälfte der Geschichte.
Marx-Baby wurde unruhig.
– Wann soll das gewesen sein?
– Ende Juli 1936
– Vielleicht habe ich das wirklich geschrieben. Ich erinnere mich undeutlich. Auf französisch natürlich, denn ich kann auch nicht arabisch; aber ich hatte damals Dutzende von marokkanischen Freunden. Die könnten das übersetzt haben. Erzählen Sie weiter!
Moses Cohen war in wenigen Jahren reich geworden. Er heiratete in eine noch reichere Familie hinein, und seine Frau brachte ihm sechs Mädchen zur Welt. Die Verzweiflung war groß, doch im August 1936 gebar sie ihm einen Sohn, und Cohen war im siebenten Himmel. Ein Erbfolger. Das mußte gefeiert werden. Er lud 99 Männer ein, Kaufleute, Unternehmer, Würdenträger aus Rabat, Casablanca und Tanger. Das Beschneidungsfest sollte zum Ereignis des Jahres werden. Die Mutter lag auf einem Bett, mit dem Sohn an der Brust, und alle mußten ihn bewundern. Einer nach dem andern. Sie war häßlich wie die Nacht. Der Säugling ebenfalls. Aber die Gäste waren des Lobes voll, denn Moses Cohen verstand keinen Spaß in solchen Sachen. Dann kamen zehn Männer herein und sangen das große Gebet, während man die Beschneidungssuppe servierte. Die sogenannte Harira. Ein alter Brauch wollte, daß man das abgehackte Stück Männlichkeit in die Schüssel warf und der Mann, der es in seinem Löffel findet, kommt in den Himmel. Die Spannung war groß, denn welcher reiche Mann will nicht in den Himmel. Plötzlich stieß jemand einen Schrei aus. Oder eher ein ersticktes Husten. Es war Moses Cohen selbst. Der glückliche Vater hatte zum zweiten Mal Glück gehabt. Er hatte es gefunden, das Maseltow, wie man es nennt bei den Juden, und

99 Anwesende kamen zu ihm, um ihm die Hand zu schütteln.
Longuet unterbrach Capazza. Diesmal noch nervöser als vorher:
– Ich muß das geschrieben haben. Jetzt erinnere ich mich. Die Kommunisten hatten mich gebeten, ihnen ein Flugblatt zu verfassen. Für die Marokkaner im östlichen Riffgebirge. Ich sollte sie zur Revolte aufrufen. Gegen den Faschistengeneral. Und da ich Experte war für Fragen Nordafrikas, habe ich es gemacht.
Jetzt war Capazza so aufgeregt, daß sein ganzer Körper ein einziges Zucken war.
– Auf dem Höhepunkt des Beschneidungsfestes kam ein Diener und rief Cohen ins Vorzimmer. Nach einigen Augenblicken kehrte er zurück, räusperte sich und bat die Anwesenden um Entschuldigung; man biete ihm ein Millionengeschäft an, das Geschäft seines Lebens. Er müsse unverzüglich nach Alhuceimas! – Er fuhr in die spanische Zone Marokkos, aus der er niemals zurückkehren sollte. In Alhuceimas wurde er festgenommen und wegen Aufwiegelung der Eingeborenen standrechtlich erschossen. Er wußte nicht, warum das alles geschehen war, der Arme.
Marx-Baby sprang von seinem Sessel und flüsterte: das ist nicht möglich!
– Doch, Monsieur Robert-Jean Longuet. Das ist möglich. Mehr als möglich. Es ist wahr. Sie haben ihn umgebracht. Mit Ihrem Aufruf. Und ein Stein fällt mir vom Herzen. Seit Jahren kann ich nicht schlafen. Seit Jahren leide ich unter Muskelkrämpfen, denn ich fühle mich verantwortlich für den Tod dieses Menschen. Und jetzt habe ich Sie endlich gefunden. Jetzt bin ich erlöst!
Marx-Baby saß da wie vom Blitz gerührt. Segret hatte gesagt, er sei eine fleischfressende Pflanze. In seiner orchideenhaften Ruhe, in seinem totalen Mangel an Schuldgefühlen. Jetzt aber war er gebrochen. Tränen liefen ihm über die ausgetrockneten Wangen. Dann begann er leise zu schluchzen

und unvermittelt rannte er ins Hotel. Wir warteten eine halbe Stunde, eine Stunde, und dann erkundigten wir uns nach ihm. Soeben sei er abgereist, sagte man uns am Empfang.

Ich weiß nicht, was weiter mit ihm geschehen ist. Ich weiß nur, daß Capazza ein anderer Mensch wurde. Im Verlaufe einer einzigen Stunde. Er zuckte nicht mehr mit der Schulter und lächelte zufrieden. Segret erzählt, daß er Marx-Baby später getroffen habe. In Paris. Und daß er nicht zu erkennen war. Er habe den Tick geerbt. Und zucke mit der linken Schulter. Genau wie Capazza. Aber das glaube ich ihm nicht. Der lügt wie gedruckt.

Das Erdbeben von Agadir

Am 28. Februar 1960 ging in Agadir die Welt unter. Ohne mich, allerdings, und ohne Fräulein Mottier, die ebenfalls zu spät kam. Wir kommen ja meistens erst, wenn alles vorbei ist. Wir rasen über die Schlacht- und Trümmerfelder der Weltgeschichte, ich mit dem Mikrophon, Fräulein Mottier mit dem Verbandspäckchen. Wir sind überall da, wo die Erde bebt oder gebebt hat. Unauffällig, bescheiden und mit den Kreditkarten der Schweizerischen Bankgesellschaft in der Tasche. Ich als Fernsehreporter. Fräulein Mottier als Rotkreuzschwester. Zwei barmherzige Samariter, die obligatorischen Statisten aller großen Katastrophen unserer Zeit.

Wir kamen am 2. März, einem stickigen Sommertag in jenen Breiten. Ich erinnere mich, als wäre es gestern gewesen. Der Himmel wie eine Fahne aus blauer Seide. Die Mehrzahl der Einwohner lebendig begraben. Vor mir liegt ein Prospekt, den ich aufbewahrt habe: »Agadir, die Stadt in der die Sonne nie untergeht. Für jeden Regentag vergüten wir den vollen Pensionspreis.« Schlau sind die Leute. Von Erdbebentagen sagen sie kein Wort. Es gäbe ja wirklich nichts zu vergüten. Wer tot ist, verlangt keinen Schadensersatz. Und wer davonkommt, vergißt das Geld und freut sich des Lebens.

Schon am Flugplatz roch es nach Verwesung. Nach einer Pestilenz, die mich bis heute mit Ekel erfüllt. Übelkeit steigt in mir hoch, wie damals in Guinea, an den Ufern des Konkuré, als man den Krokodilen bei lebendigem Leib die Haut abzog, damit sie die Farbe nicht verlören, und meine Mannschaft in den Urwald flüchtete, um nicht zu ersticken vor Gestank. Oder wie in der Lagune von Konakry, wo die Abfälle und Fäkalien einer ganzen Stadt zu Cheopspyramiden aufgehäuft lagen, in der Sonne verfaulten und gierig von Geiern verzehrt wurden.

So roch es am Flugplatz von Inesgan. Eine Stewardesse stand

beim Zoll, eine zierliche Nofretete in türkisch-grüner Uniform, die jedem Passagier ein Sträußchen Pfefferminzkraut überreichte und empfahl, es fest an die Nase zu drücken. Ich bin in die Stadt gefahren, in die stickigen Überbleibsel der Stadt, und habe es verloren, mein Sträußchen. Man gewöhnt sich an alles. Auch an den Moder von dreißigtausend Leichen.

Fräulein Mottier kam aus Genf und ich aus Ksar es Suk, wo ich gerade einen Film drehte. Beide waren wir auf Abenteuer und Emotionen eingestellt. Wir sollten uns nicht beklagen, zu kurz gekommen zu sein.

Nach jeder Katastrophe behaupteten die Überlebenden, sie hätten gewisse Vorahnungen gehabt. Ich ebenfalls, obwohl ich mir schmeichle, ein Realist zu sein. Am Vorabend des 29. Februar – es war unerträglich schwül in der Oase und die Nerven prickelten in den Fingerspitzen – tafelte ich beim Gouverneur. Wir löffelten eine Hrira, die mir die Eingeweide verbrannte, als es klopfte und ein Mokhasni eintrat. Er meldete den Besuch eines Krüppels namens Aissa ben Schukrun aus Rissani, der dringend wünschte, empfangen zu werden. Das war ungehörig. Der Gouverneur saß beim Essen. Er hatte ausländische Gäste. Gewitterspannung lag in der Luft. Jeder andere Gesuchsteller wäre unter ähnlichen Umständen abgewiesen worden. Ben Schukrun aber war ein Juwelier, der sich eines großen Einflusses und noch größeren Vermögens erfreute. Finster drückte der Gouverneur seinen Unwillen aus, indem er sich nicht stören ließ und weiterspeiste. Aissa ben Schukrun blieb stehen und wartete, daß man ihm einen Sessel anböte, aber nichts geschah.

Der Gouverneur war ein Riese. Doppelt so groß wie der zwergwüchsige Ben Schukrun und feindselig bis zu den Zehen. Die zwei Männer musterten sich, Staatsmacht und Privatwirtschaft. Es knisterte in der Luft, und der erste, der die Nerven verlor, war ich. Der Juwelier tat mir leid. Wegen seiner Mißbildung. Und weil ich wußte, daß der Gouverneur am längeren Hebel saß. Er war der Stellvertreter des Königs

in der Provinz von Ksar es Suk, absoluter Herrscher über das Tafilalet von den Südhängen des Atlas bis zu den Sanddünen von Mersuga. Und da es ja eine Tugend des abendländischen Menschen ist, seine Gunst dem Schwächeren zuzuwenden, schlug mein Herz für den Juwelier. Deshalb durchbrach ich die Stille und fragte harmlos, ob etwas passiert sei. Das Männlein war dankbar und antwortete – zu mir herüberblickend – es sei noch nichts passiert, hamdulilah, aber buddhistische Mönche hätten den Weltuntergang prophezeit.
Jetzt schoß der Blitz aus den Augen des Gastgebers und mit dürrer Stimme erkundigte er sich, ob diese Angelegenheit so dringlich sei, daß sie keinen Aufschub ertrüge. Bis nach dem Nachtessen, zum Beispiel.
– Selbstverständlich, entgegnete der Bucklige voll Traurigkeit, aber der Weltuntergang ist für morgen angekündigt und darum ...
– Darum was? schrie der Gouverneur.
– Morgen ist der letzte Termin, meine Steuern zu bezahlen. Ein Vermögen von dreihunderttausend Dirham. Ich frage mich, ob es sich noch lohnt, verstehen Sie, und darum möchte ich wissen, ob die Nachricht offiziell ist oder nur ein Gerücht.
Nun sprang der Hausherr von seinem Kissen auf. Das Blut schoß ihm ins Gesicht.
– Die königliche Regierung hat mir hinsichtlich des Weltuntergangs keine Instruktionen zukommen lassen. Deshalb wünsche ich, ungestört zu sitzen, zu speisen und zu verdauen, wenn Gott es will.
Das war das erste, was ich über die bevorstehende Heimsuchung zu hören bekam. Am selben Abend jedoch, als ich mich vor dem Schlafengehen zum Klosett begab, saß dort vor der Schwelle eine giftgrüne Kröte und glotzte mich an, ohne von der Stelle zu weichen. Ich floh unverrichteter Dinge in mein Zimmer zurück. Das mag lächerlich erscheinen, aber ich hatte es als Warnung verstanden. Später erfuhr ich noch von anderen Merkwürdigkeiten, die sich angeblich in jener

Nacht ereigneten. Ein gewisser Hadsch Abid habe zur selben Zeit, da ich in Ksar es Suk meiner Kröte begegnete – im Hafen von Agadir gestanden und auf die Rückkehr seiner Schaluppen gewartet. Zweihundert Fischkutter, die in den Planktonbänken östlich der kanarischen Inseln Sardinen fischten. Er war siebzig Jahre alt, der meistgehaßte Mann an der afrikanischen Westküste. Untersetzt, plattfüßig, zahn- und skrupellos, ein habgieriger Geizhals von seltenem Kaliber. Hin und wieder keuchte er zur Funkstation hinüber und erkundigte sich nach den letzten Neuigkeiten. Ehrerbietig gab man ihm die Fangergebnisse bekannt und da er nicht schreiben konnte, rechnete er sie im Kopf zusammen. Wenn der Pilotkutter hinterm Leuchtturm auftauchte, wußte er bereits auf den Groschen genau, welchen Gewinn er erzielt hatte. Dann schwang er sich auf jedes seiner Boote. Während die Docker die eingesalzenen Sardinen an Land hievten, legte er selbst Hand an, überprüfte die Netze und besserte sie aus. So ging es nun schon seit bald dreißig Jahren. Mit Hilfe der göttlichen Vorsehung, so sagte er, und einer hundsföttischen Rücksichtslosigkeit, das sagte er nicht, war ein Habenichts der Sardinenkönig Marokkos geworden. Noch nie war ihm ein Boot verloren gegangen. In jener Nacht aber stand er da mit zerfurchter Stirn. Er wußte die Einnahmen von allen seinen Kuttern, mit Ausnahme der BARAKA. Seit Mitternacht hatte man versucht, mit ihr Funkverbindung aufzunehmen, aber vergeblich. Er würde sich keine Sorgen gemacht haben, wenn es ein anderes Boot gewesen wäre. Doch Seeleute sind abergläubisch. Baraka bedeutet Gottessegen. Wenn dieser ausbleibt, wird man nervös. Hadsch Abid begann zu zappeln. Nicht wegen der zwanzigköpfigen Besatzung. Besatzungen kosten einen Pappenstiel und lassen sich ersetzen. Er zappelte, weil er aus lauter Geiz das Boot nicht versichert hatte. Er vertraute seit jeher auf die Komplizenschaft des Schicksals und hatte sich hartnäckig geweigert, Unglücksfälle in seine Rechnungen einzukalkulieren. Und nun, unvermittelt, dieser Querschlag. Das war kein

Unglücksfall sondern ein Zeichen. Es tagte bereits über der Khasba von Agadir. Sämtliche Kutter des Alten lagen an der Mole. Nur die Baraka stand aus. Der Segen fehlte, und hatte wohl Schiffbruch erlitten. Da ereignete sich etwas Haarsträubendes. Hadsch Abid ließ seinen Erzfeind rufen, Moses Amsalagh, der in Agadir ein blühendes Assekuranzgeschäft betrieb. Der Sardinenkönig besaß nämlich, neben all seinen Schaluppen, auch einen Delikatessenladen im Zentrum der Stadt gleich neben der Moschee, und diesen Laden – es ist nicht zu glauben – wollte er jetzt versichern lassen. Auf zehn Millionen Dirham. Gegen alle möglichen Schäden, Naturkatastrophen inbegriffen, sogar gegen Schneelawinen, obwohl es in Agadir seit Menschengedenken nicht geschneit hatte. Man bedenke: zehn Millionen Dirham.
Amsalagh war ein kluger Jude sephardischer Herkunft und pflegte zu antworten, indem er die Augen schloß und sich bedächtig am Hals kratzte.
– Ich verstehe, daß das Unglück dich klug macht. Ich verstehe auch, daß du endlich eine Versicherung abschließt, obwohl du niemals an Versicherungen zu glauben beliebtest. Aber erkläre mir, Hadsch Abid! Warum ausgerechnet bei mir, wo du doch die Juden nicht leiden magst? Und wieso das Delikatessengeschäft, nachdem du einen Fischkutter verloren hast? Wo ist die Logik?
– Meine Logik ist nicht deine Logik, entgegnete Hadsch Abid. Ich versichere mich bei dir, weil ich dich ruinieren will. Wenn Allah mich noch einmal bestraft, gehst *du* zugrunde. Zehn Millionen Dirham kannst auch du nicht bezahlen.
– Bitteschön, gab Amsalagh zurück. Dann versichere deine Schiffe! Die riskieren mehr als das Geschäft an der Hauptstraße.
– Kümmere dich um deinen Vorteil, zischte der Sardinenkönig. Ich kümmere mich um den meinen.
Was er wirklich dachte, verschwieg er. Die Erfahrung lehrte nämlich, daß Gott nicht zweimal das gleiche Haus zerschmettert. Davon war er felsenfest überzeugt, und er sollte

recht behalten, der alte Schurke.
Auch Fräulein Mottier, die reizende Rotkreuzschwester aus Genf, hatte ein Vorgefühl – bange Ahnungen, wie sie sich ausdrückte –, als sie am 2. März 1960 das Flugzeug bestieg, um im Hexenkessel von Agadir ihre Pflicht zu erfüllen. Sie spürte, daß sie dort unten eine einschneidende Erfahrung machen würde, denn am 29. Februar um 23 Uhr 47 – also genau im Moment des großen Erdbebens – sei ihre Omega stehengeblieben, die sie als Konfirmationsgeschenk bekommen hatte. Das Versagen einer Schweizer Uhr komme einem Naturereignis gleich. Es sei durchaus denkbar, daß es sich um einen »Wink von oben« gehandelt habe und daß die darauffolgenden Geschehnisse gleichsam vorausbestimmt gewesen seien. Die Mohamedaner nennen das »mektub«, was man mit »es steht geschrieben« übersetzen könnte.
Ich erinnere mich genau an den Hergang der Ereignisse. Fräulein Mottier stand da wie eine Mandelblüte in einer Mondlandschaft. Wie eine Amazone in ihrem weißen Kittel und dem gestärkten Rotkreuzhäubchen, unter dem ihr goldenes Haar hervorquoll. Ich starrte hinüber zum Betonkrater, wo sie stand. Ich ließ das Mikrophon sinken und träumte eine Sekunde lang von den Seligkeiten, die mir in ihren Armen zuteil werden könnten. Da gewahrte ich, wie sie den Kopf in den Nacken warf, wie sie aufleuchtete und ihm entgegeneilte, diesem Rohling, um ihn zu umarmen und auf beide Wangen zu küssen. Das war spontan. Ich zweifle nicht daran, daß es reine Christenliebe war, die sie bewegte. Ganz gewöhnliche Freude über die Errettung eines Menschenlebens. Und was tat er, dieser Irrtum Gottes? Sein Verhalten war unbegreiflich, im höchsten Grade entmutigend. Ich selbst fühlte mich gedemütigt. Ich empfand es wie eine Verhöhnung der Ideale von der Gleichheit und Brüderlichkeit zwischen den Menschen.
Sein Name war Ali. Er sprach weder französisch noch arabisch. Nur Schlöh, den Berberdialekt des Südens. Er war Analphabet, ein Halbwilder. Vielleicht gehorchte er einem

Zwang, einem Haß gegen die weiße Rasse. Wer kann es wissen?
Als es passierte, daran erinnere ich mich genau, warf ich mich dazwischen, mit drohend erhobenem Mikrophon, um die Schweizerin vor dem Schlimmsten zu bewahren. Ein junger Offizier der königlichen Streitkräfte eilte mir zu Hilfe – als Respektsperson, als Dolmetscher und Kenner der lokalen Verhältnisse. Ali tobte, ich brüllte auf ihn ein. Er zitterte am ganzen Leib. Er drohte mit den Fäusten. Zwei Polizisten eilten herbei und führten ihn ab. In Handschellen natürlich. Nach Inesgan aufs Kommissariat, wo er sich allmählich beruhigte. Zwei Wochen später wurde er verhört. Der Offizier und ich traten als Zeugen auf. Fräulein Mottier als Klägerin. Was Ali zu Protokoll gab – ich zitiere aus der Erinnerung –, war erstaunlich:
– Ich bin nach Agadir gekommen. Von Sidi Bumdin in den Bergen bis hinunter ans Meer. Hundert Meilen zu Fuß, weil meine Ziege krepiert ist. Sie hat mir Milch gegeben am Tag und ihr warmes Fell in der Nacht. Sie war mein einziger Besitz. Mein Trost, wenn ich allein war. Als sie krepiert ist, war es aus mit mir. Ich bin in die Stadt gegangen. Ich wollte ins Gefängnis. Da ist es gut, sagen die Leute. Da bekommst du zu essen, ohne zu arbeiten. Du mußt nur stehlen, sagen sie, und schon kommt ein Bulle und nimmt dich mit. Mit dem Auto. Er bringt dich auf den Posten und fragt, wer du bist, woher du kommst, warum du gestohlen hast. Er ist geduldig. Er will alles wissen über dich. Dann geht die Türe auf und man bringt dir Pfeffersuppe. Oder Kuskus. Zum Dank, weil du gestohlen hast. Nichts besseres kann dir passieren. Das sagen alle. Nur verhaftet mußt du werden. Das ist die Hauptsache. Am einfachsten ist es im Zentrum. Weil es dort hell ist. Aber am hellsten ist es in den Schaufenstern von Hadsch Abid.
– Woher kennst du den?
– Weil er berühmt ist und verrufen. Man kennt ihn im ganzen Land. Sogar bei uns oben, in Sidi Bumdin. Dort muß

man einbrechen, sagen die Leute, denn er ist der größte Spitzbube der Welt. Du nimmst einen Pflasterstein, zerschlägst ihm das Schaufenster und ein Streifenwagen pfeift herbei. Wenn du Glück hast, nimmt man dich mit.
– Du hast ihm das Schaufenster eingeschlagen?
– Ich wollte, aber Allah hat es verhindert. Ich stehe vor dem Laden und staune durch die Scheiben. Da gab es Dinge, die ich nie gesehen habe. Büchsen und Päcklein und Flaschen. Es duftet bis auf die Straße heraus. Es ist Nacht. Der Himmel ist schwarz. Keine Sterne, kein Mond, aber weißes Licht strahlt auf die Leckerbissen: Früchte, Käse, Lakritzen und Limonade. Ich nehme den Pflasterstein aus dem Hemd und bitte Allah um Verzeihung:
kif el bere, kif el yum
ki rda – insch Allah
Ich sage mein Gebet. Ich lobe den Allmächtigen, der das alles erschaffen hat. Ich hebe den Stein in die Höhe, und da merke ich, daß es wackelt unter meinen Füßen. Ich schwanke. Ich werde in die Höhe gehoben und hinunter geschleudert. Wie eine Peitsche in der Luft. Dann weiß ich nichts mehr. Alles wird Pech um mich herum. Hamdulilah! Ich bin tot. Allah hat mich erlöst. Er hat mich zu sich genommen. Ich liege da, mit offenen Augen, und sehe nichts. Pech oben und unten. Still ist es in meinem Grab. Ich höre und spüre nichts. Weder warm noch kalt. Nur der Rücken tut mir weh. Ich versuche mich zu strecken. Aber es geht nicht. Ich bin eingeklemmt. Ist das nicht merkwürdig? Auch im Paradies ist es eng. So *muß* es wohl sein! Bei all den Toten, die sich hier melden. Ich taste herum. Ich fühle etwas Großes. Vielleicht eine Truhe. Nein. Eine gewöhnliche Kiste, und der Deckel fehlt. Ich stecke die Hand hinein. Da liegen kleine Schachteln. Aus Holz scheint es mir. Ich nehme eine und mache sie auf. Das kann doch nicht sein! Zündhölzer sind das. Allah ist groß. Ich habe Feuer. Jetzt kann ich Licht machen. Wie sieht es aus im Himmel? Hamdulilah! Besser als ich gedacht habe. Ich bin in der Speisekammer Gottes. Ein Berg von Fässern und

Töpfen. Zu essen und trinken für eine Heerschar von Engeln. Ich öffne eine Büchse und danke meinem Schöpfer. Das sind Kerzen. So wahr ich Ali heiße.

– Du hast also das Jenseits erleuchtet. Wie war es?

– Wie im Himmel. Alles wie ein Traum. Jetzt weiß ich, warum mich der Rücken schmerzt. Ich stecke zwischen einer Treppe und dem Wandschrank. Komisch ist das. Ein Schlüssel in der Tür. Ich wußte gar nicht, daß es Diebe gibt im Paradies. Ich sperre auf und was sehe ich? Geld. Einen Haufen Geld. Jetzt bin ich reich. Soviel Geld hat nicht einmal der Kaid. Das genügt für tausend Jahre. Jetzt gehe ich nach Tisnit. Ins Mädchenhaus. Ein Mädchen für jeden Finger meiner Hand. Mit jeder eine Nummer bis ich umfalle vor Erschöpfung. Bis ich verrecke. Dabei kann ich gar nicht verrecken, weil ich schon tot bin. Wie komme ich jetzt nach Tisnit? Mit dem Taxi, wahrscheinlich. Der Kaid fährt ja auch im Taxi. Am Geld fehlt es nicht, aber wo finde ich hier ein Taxi? Ich muß fragen. Einen Erzengel, wenn er vorbeikommt ... Nicht so schnell, Ali! Zuerst mußt du essen! Das Vergnügen kommt nachher. Du hast ja Zeit. Die ganze Ewigkeit. Schau doch mal nach, was in diesem Faß ist! Ich danke dir, Allah. Butter ist das. Einmal im Jahr hast du Butter bekommen. Beim Scheich. Am Ait el Khebir. Einen kleinen Löffel voll. Aber da steht ein ganzes Faß mit Butter. Ich quetsche beide Hände hinein. Ich schöpfe soviel ich nur kann. Bediene dich, Ali! Du bist im Himmel. Das ist alles für dich. Und die Autoreifen? Auch für mich? Das sind gar keine Autoreifen. Das ist Käse. Ich hau mir den Bauch voll für alle die mageren Jahre. Ehre sei Gott in der Höhe, der mich ins Paradies geholt hat. Oliven fresse ich und Schokolade und Sardinen und Marmelade. Das schmeckt wie im Himmel. Kein Wunder. Du bist ja im Himmel. Allah hat dich belohnt. Weil du die Scheibe nicht eingeschlagen hast. Hadsch Abid ist ein Bösewicht, aber nicht du bist sein Richter. Dort oben ist der Richter. Ich habe den Stein nicht geworfen. Darum bin ich im Paradies.

– Hast dich sattgegessen.
– Und vollgesoffen. Zuerst mit Limonade.
– Und nachher?
– Nachher wollte ich nach Tisnit ins Bordell. Da merke ich, daß ich keine Flügel habe. Du bist im Jenseits, denke ich, und hast keine Flügel. Da stimmt was nicht. Der Herrgott hat vergessen, dir Flügel zu geben. Ich muß mich beschweren. Das ist ein Unrecht. Im Himmel sind alle gleich, heißt es, aber Ali kommt zu kurz. Ali bekommt keine Flügel. Nimm dich in acht, Ali! Du wirst frech. Du hast zu viel gefressen. Allah vergißt überhaupt nichts. Er weiß, was er tut. Zuerst kommst du vor das Jüngste Gericht, und dann bekommst du deine Flügel, wenn du sie verdienst. Paß nur auf! Das alles kann schief gehen. Sie können dich vertreiben aus dem Paradies. Schon bessere haben sie vertrieben, wenn sie aufbegehrten. Sei nicht übermütig, sonst schmeißen sie dich raus.
– Und? Hast du dich geschämt?
– Auf dem Schrank stand eine Flasche.
– Du bist schwach geworden, ja?
– Viereckig. Mit goldenem Wasser darin. Wer das trinkt, kommt in die Hölle. Ich weiß, was das ist. Chram. Eine Todsünde. Nicht einmal riechen darf man daran. Schau nicht hin, Ali! Sonst bist du verloren. Ich schiele zur Seite, aber ich bin eingeklemmt. Zwischen Treppe und Kasten. Ich bin unschuldig, beim Namen des Propheten. Die Flasche ist schuld. Ich kann doch nichts dafür, daß ich sie sehe. Sie steht da und zwinkert mir zu. Zwinkere nur so viel du willst! Ich bin ein Muslim und trinke keinen Schnaps. Auch wenn ich verdurste. Ich will die Flasche weder sehen noch riechen. Nicht einmal anrühren, obwohl das erlaubt ist. Nein. Erlaubt ist es nicht. Aber auch nicht verboten. Ich drücke die Augen zu und strecke die Hand aus. Anfassen darf man doch, oder nicht? Ein einziges Mal. Mit den Fingerspitzen.
– Du hast gesoffen, Ali. Sage die Wahrheit!

– Ich habe nicht gesoffen, aber Allah kennt keinen Spaß. Er fängt an zu donnern und zu poltern über mir, bevor ich noch gesündigt habe. Alles sieht er. Sogar die Gedanken. Er dröhnt und grollt, rumpelt und rasselt, bis ich laut schreie und um Verzeihung bitte. Ich will dir gehorchen, mein Gott, bis zum Ende der Zeit.
Da wird es still um mich herum. Ich schlottere noch vor Angst, aber die Augen werden mir schwer. Ich fange an zu gähnen. Einmal. Zweimal, und ich schlafe ein. Meine erste Nacht im Paradies. Meine Seele ist noch fett von der Butter. Mein Körper schwer vom Käse. Ich schlafe wie ein Biber und wie ich endlich erwache, ist es finster. Die Kerzen sind niedergebrannt. Ich muß wieder Licht machen. Ich zünde ein Streichholz an und was sehe ich? Die Flasche. Die verdammte Hure, die auf dem Kasten steht und mich ködert. Ein voller Magen gehört dem Teufel, ich weiß. Wer satt ist, vergißt die Gebote. Die Flasche wackelt.
– Das hast du geträumt, Ali.
– Es ist wahr, was ich sage. Sie springt und dreht sich. Ehrenwort. Wie eine Bauchtänzerin. Sie vernebelt mir das Herz. Sie verdreht mir den Kopf. Sie verführt mich. Ich bin nur ein Mensch, ein armer Lump. Ich greife nach der Sünde. Ich will nur probieren. Einen einzigen Tropfen. Ich schmettere sie an die Wand, ich haue ihr den Hals ab. Zur Strafe, weil sie mich abbringt vom rechten Weg ...
– Hast du gesündigt? Ja oder nein?
– Ein elender Hund bin ich, aus Sidi Bumdin, und die Ziege ist mir verreckt. Ich habe gesündigt. Nur einen Tropfen, und da fängt der Himmel an zu rumpeln und zu rasseln. Es scheppert und tobt über mir. Ich weiß es genz genau: das ist das Jüngste Gericht. Ich verberge den Kopf in beiden Händen. Das Paradies fliegt in die Luft. Erde, Staub und Steine. Das ist die Strafe Gottes. Ich habe sie verdient.
– Allah hat's dir also heimgezahlt.
– Ich höre Männerstimmen. Man packt mich an den Haaren. Am Kopf. An der Gurgel. Das sind die Würgeengel. Sie

zerren mich nach oben. Durch einen dunklen Schacht und plötzlich wird es hell. Es stinkt nach Aas und faulem Wasser. Ich öffne die Augen. Es blendet und brennt, aber ich sehe. Ganz deutlich. Die Flasche. Sie läuft mir entgegen. Mit weißer Gandura. Das ist die Sünde. Die Tochter des Teufels. Sie küßt mich zweimal ins Gesicht und schreit etwas, das ich nicht verstehe. Sie hat den Verstand verloren.
– Was haben Sie gerufen, Mademoiselle Mottier, als Sie den Angeklagten erblickten?
– Vous êtes sauvé, habe ich gesagt, je vous félicite.
– Sie sind gerettet, hat sie gesagt, ich gratuliere.
– Weil sie mabul ist. Eine Tochter des Bösen, die nicht weiß, was sie redet. Ich bin zurück auf der Erde, und sie gratuliert mir. Ich war schon im Himmel. Mit einem Bein im Jenseits. Ich habe geschlemmt wie ein Pascha. Butter, Käse und Limonade. Aber Allah hat mich verjagt, und sie schreit, ich sei gerettet. Jetzt weiß ich, wie die Sünde aussieht. Darum habe ich zugeschlagen. Ich habe sie geohrfeigt, jawohl. Ich hätte sie erwürgen sollen, denn sie hat mich verführt. Sie ist schuld, daß ich leben muß.
– Fräulein Mottier. Sie kennen nun den Sachverhalt. Man hat Ihnen sinngetreu übersetzt, was hier gesagt wurde. Bestehen Sie weiterhin auf Ihrer Anklage?
– Selbstverständlich.
– Sie geben sich Rechenschaft über den Bildungsstand dieses Mannes?
– Er hat eine Frau geschlagen. Ins Gesicht.
– Es ist Ihnen nicht entgangen, daß der Angeklagte unter Schock stand, als das alles passierte?
– Ich bin nach Marokko gekommen, um zu helfen. Um die Not zu lindern. Ich bestehe auf meiner Anklage.
Seit jenen Geschehnissen sind Jahre vergangen. Ich bin grau geworden und Fett habe ich auch angesetzt. Fräulein Mottier hingegen sieht immer noch glänzend aus. Ein junges Mädchen könnte man meinen. Sie hat keine Schuldgefühle. Sie ist immer noch unterwegs, heilt und lindert die Not. Ich

glaube kaum, daß sie etwas dazugelernt hat. Darum ist sie so hübsch geblieben.
Und zum Schluß noch einige Worte über Hadsch Abid. Er hatte – wie gesagt – am Morgen vor dem Erdbeben sein Delikatessengeschäft auf die ungeheuerliche Summe von zehn Millionen Dirham versichern lassen. Um ein Haar wäre er der Hauptgewinner der Katastrophe geworden. Der schlaue Amsalagh aber hat ihm einen Strich durch die Rechnung gemacht. Er wurde vom Erdboden verschlungen. So verlor Hadsch Abid seinen Laden und die zehn Millionen, die er einzustreichen gedachte. Er schäumte vor Wut: Wenn's ans Zahlen geht, lassen sie sich verschütten. So sind sie, die Juden. Gott möge sie vertilgen, alle zusammen.

Die Gärten des Mulay Abdallah

Ich wollte Rami bekehren. Einen Menschen aus ihm machen. Oder mindestens das, was ich mir damals darunter vorstellte. Meine Absicht war praktisch aussichtslos und darum reizte sie mich.

Er saß hinten im Wagen und furzte. Eigentlich saß er nicht, sondern lag und verdaute. Er dünstete Schläfrigkeit aus und einen Gestank, der den Wagen zur fahrenden Latrine machte.

Er konnte es sich leisten, denn er ist der älteste Sohn der ältesten Familie von Fes, und Fes ist die älteste Stadt von Marokko. Als Mulay Idriss die Stadt gründete, das war vor über tausend Jahren, ernannte er einen Rami zum Generalintendanten des Habus. Das bedeutete, daß sämtliche Heiligtümer – Bethäuser, Ablutionsstätten, Reliquien und alle dazu gehörigen Grundstücke – von Abkömmlingen dieser Sippe verwaltet wurden. Und zwar gut verwaltet, bis zum heutigen Tag, mit Vorteil für die Familie, die im Lauf der Epochen selbst zu einem Heiligtum wurde.

Abderachman saß am Steuer. Seine Statur war untersetzt. Sein Schädel glich einem Kugelkaktus. Er hatte Fuchsaugen und borstige Locken auf dem Kopf. Er haßte Rami mit der Leidenschaft eines Erbsklaven für seinen Herrn. Wenn Rami eines unnatürlichen Todes sterben sollte, dann könnte man sich an den Fingern abzählen, wer ihn ermordet hat. Er gehorchte, doch seine Unterwürfigkeit war widerwillig, und er wagte nicht, die Fenster herunterzudrehen, wenn uns Rami die Luft verpestete. Das war ein Stellungskrieg, bei dem nicht einmal Worte gewechselt wurden.

Meine Beziehung zu Rami war auch nicht einfach. Im Prinzip war ich sein Meister und er mein Schüler. Oder sagen wir mein Lehrling. Ich sollte einen Reporter aus ihm machen. Er hingegen war mein Reiseführer und Dolmetscher zugleich. Außerdem bespitzelte er mich und meldete weiter, was ich sagte und wohin ich ging. Er sprach die Dialekte des Landes, kannte die Sitten und Gebräuche, las zwischen den Zeilen und wußte, was die Leute verschwiegen, wenn sie unsere Fragen beantworteten. Wir brauchten uns und betrieben eine Art friedlicher Koexistenz, die darin bestand, daß wir uns nicht gegenseitig umbrachten, wenn wir einander auf die Nerven gingen. Und wir gingen einander auf die Nerven. Wenigstens er mir. Nur hatte ich keine Angst vor ihm. Ich fragte ihn nicht, ob ich die Scheiben herunterkurbeln dürfe. Ich tat es. Rami winselte, es sei ihm kalt. Der Luftzug mache ihn fertig. Das war lächerlich. Er wollte uns nur die Reise verleiden und zeigen, daß er jemand war. Doch ließ ich mich nicht beirren. Abderachman deutete aufs Thermometer, es zeigte 43 Grad Celsius. Wir rollten durch die Wüste. Am späten Nachmittag wollten wir in Figig sein, wo wir beabsichtigten, einen Film zu drehen. Über die Nomaden der Hochebene, die nach sieben Trockenjahren vom Hungertod bedroht waren.

Wir hatten bereits ein Dutzend Filme miteinander gemacht, trostlose Dokumente über die Agonie marokkanischer Unterhunde, und jedesmal hatte ich auf eine Reaktion in Ramis Gemüt gehofft. Auf einen Dammbruch in seinem Denksystem. Es schien mir einfach ausgeschlossen, daß ihn das alles gleichgültig ließ. Wir waren bei den Sardinenfischern in Safi gewesen, wir hatten die Teppichweber an den Hängen des Dschebel Sirhua besucht, wir waren in die Kobaltgruben von Taznakht hinabgestiegen und hatten bei den Höhlenbewohnern in den Kalkfelsen des Tizintest gehaust. Rami machte seine Arbeit tadellos. Gewissenhaft sammelte er ethnographische Informationen, notierte linguistische Einzelheiten, befragte die Alten und die Jungen; aber er tat es mit der Teilnahmslosigkeit eines Kammerdieners. Die Probleme interessierten ihn nicht.

Ich war aufgewachsen mit Rousseau und Tolstoi. Ich glaubte, daß der Mensch gut sei, wenn er zur Welt kommt. Also war Rami für mich nur verschüttet. Möglicherweise

versteinert. Eines Tages aber würde er schmelzen – hoffte ich – wie ein Eisberg an der Sonne, und ich setzte meine Ehre daran, ihn einer intensiven Bestrahlung auszusetzen.
Es war zwölf Uhr mittags, als wir uns der Oase näherten, die zu unserem – und vor allem zu meinem – Schicksal werden sollte. Der Ort ist so bedeutungslos, daß er auf den meisten Landkarten gar nicht vermerkt wird. Er heißt Tendrara und ist der höchstgelegene Punkt einer Strecke, die von Uschda nach Beni Unif führt.
Es waren noch 182 Kilometer bis zu unserem Ziel. Wir hatten Sand im Mund, wir schwitzten aus allen Poren und wollten dringend eine Herberge finden, um uns zu waschen, auszuruhen und etwas zu essen. Aber es gab nicht einmal eine Tankstelle in Tendrara, und wir waren gezwungen, uns beim Kaid zu melden, was wohl besser unterblieben wäre. Nicht wegen des Kaids selbst, sondern wegen der Folgen, die daraus erwachsen sollten.
Der Kaid war ein sonderbarer Mensch. Er hieß Mulay Abdallah, blickte mit einem Auge zum Himmel und mit dem andern in seine Westentasche. Als erstes bat er uns um Verzeihung, daß ihm stets Tränen über die Wangen flössen. Er sei so zur Welt gekommen. Er habe keinen Kummer, doch ein bedrücktes Gemüt. Bei Tag und bei Nacht. Alles sei schon versucht worden: Ärzte, Medikamente, Thermalquellen und Frauen. Ohne Erfolg. Sein Sinn bleibe düster, seine Melancholie unheilbar. Doch, fügte er schnell hinzu, er wolle einen Mann kommen lassen; den Stammesältesten der Beni Mathar, der uns das Mittagsmahl erheitern werde. Den spaßigsten Menschen der westlichen Sahara, der Possen reiße, bis die Nähte platzen.
Ich war todmüde, doch konnte ich es kaum erwarten, diesen Spaßvogel kennenzulernen. Wie mochte er wohl aussehen, fragte ich mich. Vielleicht würden wir einen Film drehen über ihn. Endlich einmal etwas anderes. Zum Lachen oder mindestens zum Schmunzeln. Ich spazierte auf und ab im Paradiesgarten des Kaids. Es duftete nach Zitronenblüten,

Grillen zirpten, und ich zerbrach mir den Kopf, was für eine Frage ich ihm stellen sollte. Etwas Originelles müßte es sein, um ihn zu überrumpeln.
Und plötzlich stand er da. Zwei Meter groß. Schwarz wie eine Todsünde, mit weißem Burnus und silbernem Turban. Dann erschienen die Gäste. Würdenträger, Verwaltungsbeamte, Kamelhändler, ein jüdischer Juwelier und der Bewässerungsinspektor. Zuletzt kam der Kaid in Begleitung von Rami und Abderachman.
Der Spaßmacher lehnte sich an den Rand des Springbrunnens und verschränkte die Arme über dem Bauch. Er wußte, daß er der Mittelpunkt war; doch er schwieg noch und wartete. Niemand sprach ein Wort. Man hörte die Vögel, das Plätschern des Wassers. Ich spürte, daß entweder *er* reden würde oder ich. Und da er nichts sagte, war die Reihe an mir. Ich ging einige Schritte auf ihn zu und stellte die Frage, die ich mir zurecht gelegt hatte:
– Sie seien der schlagfertigste Mann der westlichen Sahara, habe ich gehört, Sie führen ein Leben der Tugend und heiteren Weisheit. Es ist mir eine Ehre, Sie kennenzulernen, und ich möchte Ihnen eine Frage stellen, um klüger zu werden und Vorteil zu ziehen aus Ihrer Erfahrung. Welches war die größte Dummheit, die Sie jemals begangen haben?
Der Possenreißer durchbohrte mich mit lodernden Augen. Ein boshafter Übermut zuckte um seinen Mund, und er antwortete:
– Daß ich einen Hornochsen in den Arsch genudelt habe, der dir ähnlich sah, teurer Freund!
Gottlob konnte ich nicht verstehen, was er gesagt hatte. Der Witzbold sprach den lokalen Berber-Dialekt, und nicht einmal Rami, der mir mit Freuden eins ausgewischt hätte, fand den Mut, diese Unverfrorenheit zu übersetzen. Wenigstens nicht sofort. Trotzdem war mir klar, daß der Kerl einen Pfeil abgeschossen hatte. Den Gästen blieb die Sprache weg. Dann aber begann jemand zu hüsteln, nach Luft zu schnappen, schließlich zu wiehern, bis die ganze Tischgesellschaft

vom Lachen geschüttelt wurde. Alles wand und krümmte sich. Außer mir und dem Kaid.
Ich fragte voll Neugier, was denn der Possenreißer gesagt habe. Der Kaid schaute in die Ferne, saß da wie eine indische Gottheit und seufzte. Plötzlich sprach er so laut, daß alle zusammenzuckten:
– Dieser schwarze Teufel hat Sie verhöhnt. Er gab eine häßliche Antwort auf eine schöne Frage, aber er vergißt, daß auch er seinem Schicksal entgegenstürzt, und daß ihn morgen schon der Richter nach den Irrtümern seines Lebens fragen wird. Dann wird er nicht spotten sondern zittern!
Jetzt schämten sich alle, und der Witzbold senkte die Augen. Mulay Abdallah ergriff meine Hand und sagte, scheinbar zur Wiedergutmachung des mir geschehenen Unrechts, auch er wolle nun eine Frage stellen, und zwar an mich, den man in seinem Hause dem Gespött preisgegeben habe:
– Welches war die größte Weisheit, die Sie je begangen haben, verehrter Fremdling?
Weisheiten begeht man nicht, dachte ich. Die Frage war verfänglich. Eine Falle, möglicherweise um mich aus dem Busch zu klopfen. Rami war bei ihm gewesen, bevor noch die Gäste kamen. Darum sagte ich, mit einem Seitenblick zu Rami, die größte Weisheit meines Lebens sei wohl gewesen, daß ich das Alphabet gelernt und somit das einträglichste Vermögen erworben hätte, das ein Mensch erwerben kann. Zwei Dutzend Buchstaben, aus denen ich zusammensetze, wonach nur mein Herz begehrt. Es gibt keine Köstlichkeiten auf Erden, die ich nicht imstande wäre, mit den vierundzwanzig Schriftzeichen herbeizuzaubern. Und was am Erstaunlichsten sei – hier appellierte ich an Ramis Krämerseele, an die tausendjährige Profitgier seiner Sippe –, die Buchstaben kosten nichts. Die liegen auf der Straße. Jeder kann sie auflesen und ein Vermögen daraus machen!
Das war nicht besonders originell, zugegeben. Aber es war der Versuch, meine Wertbegriffe begreiflich zu machen. Rami sollte einsehen, daß ich nichts anderes wollte als sein

Koran: den Sieg des Geistes über das Fleisch. Nur eines hatte ich vergessen: Rami spuckte auf den Geist. Er fraß Fleisch. Soviel wie möglich und besonders Schweinefleisch, was für seine Religion als Todsünde galt. Um so gewaltiger wirkten meine Worte auf den Kaid, der damals 40 Jahre alt war und zugeschnürt wie ein Postsack. Nie war ein Lächeln über seine Lippen gehuscht. Weder der Abzug der Franzosen noch die Verkündung der nationalen Unabhängigkeit hatten die Nebelschwaden von seiner Seele geblasen. Das irdische Dasein war für ihn ein Leidensweg. Ein beständiger Sturz in den Abgrund, und er dachte längst nicht mehr daran, einen Sinn des Lebens zu entdecken. Doch heute geschah das Wunder. Nach vierzig Jahren lösten sich seine Kiefer, und er lächelte. Meine Worte hatten ihn verzaubert. Zum ersten Mal strahlte er; und die Gäste merkten es. Der Kaid verkehrte sich in sein Gegenteil. Er öffnete sich wie die Seerose am Morgen. Nur Rami verzog seine Lippen und nahm mir die letzte Lust, ihn zu bekehren. Sogar der Possenreißer drückte theatralisch seine Handflächen auf die Brust und murmelte »hamdulillah«, was bei uns soviel bedeutet wie »Ehre sei Gott in der Höhe!«
Ich war zufrieden mit mir. Ich hatte geredet wie ein Sonntagsschullehrer. Einen glänzenden Eindruck hatte ich gemacht, und jedermann freute sich, daß ich Mulay Abdallahs Herz erheitert hatte. Als er in die Hände klatschte, um uns zur Tafel zu bitten, folgte ich voll eitler Demut. Ich sonnte mich im Staunen der Anwesenden, denn es war offensichtlich, daß ich ein Mirakel vollbracht hatte. Das war nicht derselbe Kaid. Er war ein Greis gewesen. Jetzt war er ein Jüngling, und der Spaßmacher sagte zu seinem Tischnachbarn: »Schöpf mir den Teller voll Buchstaben, Bruder; vielleicht schwillt auch mir wieder das Fleisch, und ich zeuge noch ein paar Soldaten für den König und das Vaterland!«
Da verdoppelte sich das Wunder. Der Kaid lachte; und wir wußten, daß der Geist über ihn gekommen war.
Nach dem Segensspruch geschah ein weiteres Wunder. Mu-

lay Abdallah ging hinaus und kehrte mit einem Korb zurück, in dem sich zwölf Flaschen befanden. Der Koran verbietet den Genuß alkoholischer Getränke. Weder der Kaid noch irgend einer seiner Gäste hatten je davon gekostet. Wein oder Schnaps sind haschumah, so absolut untersagt, daß man sie nicht einmal beim Namen nennt. Nur ich und Rami hatten eine Ahnung, wie das schmeckt. Ich, weil ich kein Mohammedaner bin. Und Rami, weil er ein gottloser Schurke ist, der sich über die Gesetze hinwegsetzt. Schließlich ist er ein Rami, ein Abkömmling von Mulay Idriss und ein Nachfahre des Propheten. Auch der Kaid ist ein Nachfahre des Propheten. Statthalter des Sultans im Lande der Giftkröten und Skorpione. Scheriff aller Analphabeten zwischen Uschda und Beni Unif. Wenn er Alkohol anbietet, gibt es keine Widerrede. Die Aufforderung eines Kaids ist Gebot des Himmels. Mulay Abdallah ließ uns einschenken und basta. Gottes Zorn lag im Raum, der Statthalter aber erhob sich, nahm das Glas in die Hand, füllte es mit Wein und hielt eine Ansprache, deren Gedanken er sich selbst wohl nicht zugetraut hätte. Das war vor einem Vierteljahrhundert und ich zitiere aus der Erinnerung:

– Gott wird uns verzeihen, denn ER ist die Vernunft. ER hat den Wein erschaffen; also will er, daß wir ihn trinken. Er ließ die Äpfel reifen am Baum der Erkenntnis, damit seine Kinder davon essen. Wozu gab er uns einen Kopf, meine Brüder? Nicht um einfältig zu bleiben wie die Würmer. Er hat das Alphabet erfunden, damit wir es erlernen. Er hat die Bücher geschrieben, damit wir sie lesen. Denket nach, und ihr werdet erkennen, daß die Unwissenheit eine Sünde ist. Wir müssen sie ausrotten wie das Unkraut aus dem Garten. Dann werden wir Gott gefallen, denn er will, daß wir Brot machen aus seinem Korn, Tücher aus seiner Wolle und ein Paradies aus seiner Erde. Er will, daß wir die Welt verbessern. Er will nicht, daß wir gehorchen wie das Vieh, das man mit der Peitsche zur Arbeit zwingt. Er schuf uns, nach seinem Ebenbild, aufrecht, damit wir unser Schicksal in die Hand nehmen. Fünfmal am Tag werfen wir uns auf die Knie und feilschen mit ihm, daß er Regen schicke, die Heuschrecken vertilge, die Weiber fruchtbar mache und uns reich. Dabei gab uns Allah ein Hirn und zehn Finger, daß wir uns Rat schaffen auf der Welt. Lernt von diesem Fremdling! Er hat mir die Augen geöffnet, und ich danke ihm dafür. Ich habe beschlossen, ab heute keine Zeit mehr zu verlieren. Wir werden nur noch einmal beten am Tag und viermal nachdenken. Wir ziehen eine neue Frucht in unserer Wüste! Wir pflanzen das Alphabet in die Köpfe der Beduinen, denn sie hungern an Körper und Geist. Eine Saat wird aufgehn, meine Brüder! Mit vierundzwanzig Buchstaben entzünden wir die Revolution. Wir waren bisher ein gelber Fleck auf der Landkarte. Ein Niemandsland für Habenichtse und Unwissende. Dieses Niemandsland werden wir bewässern mit den Fluten der Bildung. Und aus der Bildung werden Städte emporwachsen. Fabriken und Bergwerke, Straßen werden das Land durchziehen, und man wird kommen aus allen Himmelsrichtungen, um uns zu bestaunen. Erhebet eure Gläser, meine Brüder, und trinket mit mir. Gegen die Macht der Gewohnheit. Zu Ehren des Allmächtigen!

Wir erhoben unsere Gläser und leerten sie in einem Zuge. Erstens, weil der Kaid es so wollte, und zweitens lockten uns die verstaubten Flaschen. Sie übten einen unwiderstehlichen Reiz aus, regten die Phantasie an und den Durst. Montrachet 1949. Ein Sündentropfen aus der Kolonialzeit. Der französische Kommandant hatte ihn zurückgelassen, als er vor Mulay Abdallah das Feld räumen mußte. Dann begann die Mahlzeit, und wir ließen uns nachfüllen. Wir wiederholten die Übung. Immer von Neuem, und als der Kaffee kam, befanden wir uns in höchst ausschweifender Stimmung. Ganz besonders Abderachman, unser Chauffeur, der ahnte, daß eine solche Gelegenheit nie wiederkehren würde. Und außerdem stand er unter dem Eindruck der beispiellosen Rede. Der Kaid hatte ihm einen Weg gewiesen. Ein Programm, für das es sich lohnte zu leben. Der Kaid glühte. Abderachman

aber loderte und mit siegestrunkenen Augen blickte er zu Rami hinüber. Rami sagte nichts. Niemand sagte etwas. Doch als Abderachman die dritte Flasche entkorkte, mahnte ich zum Aufbruch. Der Kaid bat uns, bei ihm zu übernachten. Aber ich erklärte, wir müßten uns auf den Weg machen, da ich noch vor Sonnenuntergang drehen wollte. Das stimmte nicht. Wir hätten morgen drehen können oder übermorgen. Die Beduinen rannten uns nicht davon. Ihre Sorgen würden weiterbestehen; noch hundert Jahre lang. Aber die Sache wurde mir unheimlich. Abderachman war in einem Zustand, der zu gewissen Befürchtungen Anlaß gab. Irgend etwas lag in der Luft. Ich wußte nicht was; aber ich hatte das unbestimmte Gefühl, jetzt, auf dem Höhepunkt meines Triumphs, verschwinden zu müssen. Vielleicht plagte mich das Gewissen, bereits zuviel Unruhe gestiftet zu haben. Ich verabschiedete mich; voller Eitelkeit und Angst. Ich hatte eine Lawine in Bewegung gebracht und fürchtete, von ihr verschüttet zu werden. So machten wir uns auf den Weg und überließen die Tischgesellschaft ihrem Schicksal.
Von Tendrara bis Figig sind es nicht ganz 180 Kilometer. Die Straße ist miserabel. Von Schlaglöchern ramponiert. Die Temperatur unerträglich. Rami verlangt, daß die Scheibe hochgedreht wird. Abderachman starrt gläsern in die Ferne und drückt auf den Gashebel. Zumachen! schreit Rami.
Abderachman reagiert nicht. Ich drehe die Scheibe noch weiter herunter und versenke mich wieder in eine Zeitung, die ich bald auswendig kenne. Hinter uns wirbelt eine Staubwolke zum Himmel. Auflehnung ist in der Luft, und Rami spürt es. Der Sklave verweigert den Gehorsam. Er hat sich verführen lassen, von diesem Psychopathen in Tendrara. Übergelaufen ist er, glaubt an die Macht der Vernunft. Haha. Eine köstliche Vernunft ist das! Die Menschen verbessern! Ihr werdet sehn, wie euch das gelingt! Rami wird angriffig, er keift in sich hinein.
– Das Alphabet will er verbreiten. In der Steinwüste. Wie will er das machen? Wem will er sie bringen, seine Buchsta-

ben? Den Beduinen? Den Beni Mathar oder den Beni Guil? Nomaden, die ständig unterwegs sind. Ohne festen Wohnsitz. Wie stellt er sich das eigentlich vor? Lehrer mit Flügeln am Arsch? Fliegen hinter den Karawanen her wie die Geier hinterm Leichenzug.

Ich erwähnte bereits, daß Abderachman gesündigt hatte. Es war auf Befehl eines Scheriffs geschehen, eines Abkömmlings des Propheten. Dennoch war es Sünde. Schlimmer, eine Todsünde. Wein hatte er getrunken, zum ersten Mal im Leben, und jetzt wußte er genauer als zuvor, daß Rami ein Lump war. Abderachman entblößte grimmig seine Vorderzähne, drückte den Gashebel noch tiefer. Wir rasten mit 130 Stundenkilometern dem Dschebel Eschuahan entgegen. Die Landschaft glich einem ausgetrockneten Flußbett.

– Lehrer will er finden. Hoho! Hier im Hinterzimmer von Afrika. Keinen einzigen wird er auftreiben. Weder bei uns noch im Ausland. Die Leute sind zwar blöd. Aber nicht so blöd, daß sie nach Tendrara kommen, um den Urmenschen das Alphabet einzutrichtern. Und wenn er sogar welche fände, wenn er jedem Lehrer ein eigenes Auto gäbe, um diesen Halbwilden nachzufahren. Die Beduinen würden ihm ins Gesicht lachen, weil sie – fahr nicht so schnell – weil sie keine Buchstaben brauchen. Weil sie seit Jahrtausenden durch die Wüste latschen – von einer Quelle zur andern – ohne Bücher und Bildung. Weil sie Heuschrecken fressen und Flöhe knacken, und wenn einer kommt, um sie zu belehren, ziehen sie ihm die Haut vom Leib und fressen ihn auf.

Etwas war mit dem Wagen nicht in Ordnung. Wir kurvten von einem Wegrand zum andern. Aber woher sollte ich wissen, ob das Wirklichkeit war oder Sinnestäuschung? Schließlich war ich selbst nicht mehr ganz nüchtern, und bei dieser Hitze ist alles möglich. Rami schien auch nichts zu bemerken, und so schwieg ich.

– Ein Stellvertreter des Sultans. Mit dem Hirn einer Mücke! Geht hin und wiegelt – nicht so schnell, hab ich gesagt – das

Volk wiegelt er auf mit seinem Fieberwahn. Gräbt uns eine Grube und ahnt nicht, daß er als Erster hineinfallen wird. Selber denken sollen sie. Hihi! Wenn das Pack anfängt zu denken, wird es gefährlich. Ein Rudel von tollwütigen Hunden. Laß nur einmal die Leine locker und sie reißen dich in Stücke. Ich wette, daß sie ihn – langsamer fahren sollst du, du Kamelmist!

»Kamelmist« hat er gesagt. Abderachman hat sich nicht verhört. Die Augen treten ihm aus dem Kopf. »Tollwütige Hunde«. Damit ist er gemeint und seinesgleichen. Er beschleunigt, jetzt sind wir auf hundertfünfzig. Jetzt weiß ich mit Gewißheit, daß wir hin und her schleudern. Ein Reifen muß geplatzt sein. Hinten rechts. Ich lege die Hand auf die Schulter Abderachmans, will ihn mäßigen, doch zu spät. Eine Sandwolke strudelt empor. Ich spüre einen Hieb in den Nacken. Wir überschlagen uns; und Hals über Kopf stürzen wir eine Böschung hinunter.

Der Wagen wog vier Tonnen. Ein Reportagewagen des marokkanischen Rundfunks. Nach der Katastrophe sah er aus wie von einer Dampfwalze überfahren. Als ich aus der Bewußtlosigkeit erwachte, hatte ich Blut im Mund. Der Schädel schmerzte. Meine Zunge schien aus Holz, es war stockfinster um mich herum. Ich lag eingekeilt zwischen dem, was einmal Dach und Türe war. Ich dämmerte vor mich hin, bis plötzlich ein Gedanke in meinen Kopf blitzte. Wir hatten Munition bei uns – 500 Patronen – und ein halbes Dutzend Kanister mit Reservebenzin. Wir mußten uns aus dem Staub machen. Da fiel ein Lichtstrahl in mein Nirwana. Ich bemerkte die Öffnung – eine romboidale Luke, das fatale offene Fenster.

Wir kletterten ins Freie. Im Laufe von Sekunden. Kurz darauf gab es einen Donnerknall. Der Schrotthaufen wurde zum Feuerwerk, das berstend und krachend zum Himmel sprühte.

Das geschah am 20. Oktober 1959. Um sechs Uhr abends. In der Wüste des Mader el Massarin. Mehr tot als lebendig

hofften wir auf Hilfe. Jemand würde vorbeifahren. Dann verlor ich das Bewußtsein. Zum zweiten Mal.
Ich habe nie erfahren, wer uns zurücktransportierte. Jemand mußte uns mitgenommen und beim Kaid abgeliefert haben. Da war ich wieder, im Palast des Mulay Abdallah, des Statthalters von Tendrara. Ich befand mich in einem Zimmer, wo es nach Jasmin duftete und Chloroform. Mein Kopf schmerzte, die Zunge war geschwollen, Durst quälte mich. Ich hörte nicht auf zu trinken, Zitronenwasser, Orangensaft. Ich hatte einen Verband um den Schädel, und jeden Abend kam jemand, um ihn zu erneuern. Ich konnte weder sehen noch reden. Dafür hörte ich Gesprächsfetzen, aus denen ich zusammenreimte, was los war. An meinem Bett erschienen Unbekannte. Amtspersonen, Hausangestellte, ein polnischer Arzt. Unverschämt besprachen sie meinen Fall und konstatierten – voll Schadenfreude –, daß ich um ein Haar ins Gras gebissen hätte. Sie fügten hinzu, mein Alphabet hätte mir auch nichts genützt, im Gegenteil. Schaut euch an, wie der aussieht! Aber der Kaid will nichts lernen aus der Erfahrung. Schon fängt er an mit seiner Buchstabenrevolution. Mulay Abdallah ist ein ehrenwerter Mann, aber unberechenbar. Das kommt davon, daß er noch keine Frau hat. Ein Mann ohne Frau ist kein Mann, sagt das Sprichwort. Hätte er sein Vergnügen in der Nacht, würde er tagsüber keinen Unsinn treiben. Bildung will er pflanzen in der Wüste, obwohl es keine Lehrer im Amtsbezirk gibt. Ohne Lehrer keine Schule, das sieht doch ein Blinder. Zugegeben, man kann sie kommen lassen. Für teures Geld. Aus dem Ausland. Aber dann reden sie eine fremde Sprache, und niemand wird sie verstehen!
Da trat jemand ins Zimmer und brachte ein Gerücht, das Entsetzen auslöste. Mulay Abdallah sei daran, einen Zivildienst aufzubauen. Die Listen seien schon angefertigt. Wer lesen könne und schreiben, werde abkommandiert. Ein Jahr lang. Als Schulmeister für die Nomaden.
Ein Jahr lang? schrien die Leute durcheinander. Dazu ist er

nicht befugt. Er will uns ruinieren. Wer schaut nach unseren Geschäften, wenn wir weg sind? Unsere Familien gehen zugrunde. Das ist rechtswidrig. Wir sind die Elite dieser Gegend. Man kann uns doch nicht bestrafen, weil wir lesen und schreiben gelernt haben. Das lassen wir uns nicht bieten. Wäre der Kaid verheiratet, würde er auf seine Familie hören und nicht auf einen hergelaufenen Ausländer.
Der Ausländer war ich. Mir schwante nichts Gutes. Die Stimmen wurden lauter: Eine Idee ohne Zukunft. Überlegt euch das: eine Schule für die Nomaden! Heut sind sie da, morgen dort. Ein Topf mit durchlöchertem Boden. Beklagt euch nicht, meine Brüder! Mulay Abdallah gab euch Alkohol, und ihr habt ihn getrunken. Gesündigt habt ihr, ohne euch zu schämen. Jetzt schickt er euch in die Wüste, und ihr bekommt die Strafe, die ihr verdient. Nehmt euch in acht, Brüder! Der Kaid war ein Kaninchen, jetzt lächelt er und ist ein Skorpion!
Ich hörte das alles unter meinen Bandagen. Meine Zunge war trocken wie ein Stück Leder. Ich trank jetzt fünfzig Liter am Tag und der polnische Arzt fand das kirjee, was auf französisch curieux und bei uns kurios heißt. Er äußerte die Vermutung, ich sei traumatisiert. Mein Durst sei psychosomatisch, und man müsse etwas unternehmen. Er unternahm nichts. Am zwanzigsten Tag meiner Konvaleszenz stellte ich fest, daß im Garten eine Versammlung stattfand. Der Kaid hatte Soldaten ausgeschickt, um seine Elite zusammenzutreiben. Hundertelf Männer waren da, doch keiner wagte aufzumucken.
– Morgen beginnt die Revolution, begann Mulay Abdallah. Alle machen mit. Drückeberger werden ausgepeitscht! Der Zivildienst dauert ein Jahr. Wer nicht bei der Sache ist, bleibt zwei Jahre. Bei diesen Worten ging ein Raunen durchs Volk.
– Wer meutert sogar drei. Der Prophet sagt: Die Kleinmütigen werden verdammt. Ich sage: Sie werden ausgerottet! Jeder von euch bekommt ein Zelt, ein Gewehr, eine Fibel, zwei Wolldecken und Proviant. Jedem von euch wird eine Quelle

zugewiesen. Mitten in der Sahara. Dort wartet ihr, bis sie kommen. Sie kommen bestimmt, weil sie Durst haben. Wir haben hundertelf Quellen im Verwaltungsbezirk. Und hundertelf Soldaten des Alphabets. Das seid ihr, meine Brüder. Ich befördere euch mit dem heutigen Tage zu Kriegern eines heiligen Feldzugs. Zu Feddajin im Kampfe um Wissenschaft und Aufklärung. Wenn eine Sippe zur Quelle kommt, treibt ihr die Kinder in euer Zelt und hämmert ihnen die Buchstaben in den Kopf. Wenn nötig mit dem Stock. Bei Sonnenaufgang fangt ihr an. Wenn es heiß wird, hört ihr auf. Normalerweise bleiben sie sechs Wochen. Wenn sie weiterziehn, schreibt ihr ein Zeichen in die Fibel und übergebt sie dem Stammesältesten. Bei der nächsten Quelle wartet der nächste Lehrer. Der Stammesälteste bringt ihm die Fibel, und der neue fährt dort weiter, wo der alte sein Zeichen hinterließ. So macht ihr Kapitel um Kapitel. Bis das Buch durch ist. Dann können die Kinder lesen. Eine neue Epoche bricht an und ihr dürft nach Hause zurück. Lohn gibt es keinen; denn ihr steht im Dienst eures Königs. Deserteure werden erschossen.

Ich war überwältigt. Endlich ein Märchen nach meinem Geschmack. Die Idee schien mir genial. Die Quadratur des Kreises. Mulay Abdallah hatte die Formel gefunden, um in einem Jahr drei Zeitalter zu überspringen. Von der Prähistorie in die Neuzeit. Mein Herz jubelte vor Entzücken. Wenn ich etwas zu sagen hätte, gäbe ich ihm den Nobelpreis. Doch leider habe ich nichts zu sagen. Ich bin der einzige, der an ihn glaubt. Mit einer Ausnahme: Abderachman. Aber der hat noch weniger zu sagen als ich.

Ich lag und meditierte, als die Tür aufgerissen wurde. Zum ersten Mal seit zwanzig Tagen die widerlich schnarrende Stimme von Rami:

– Da hast du's. Gott straft uns für den Schnaps, den wir gesoffen und die Weiber, die wir entehrt haben. Feddajin der Wissenschaft sollen wir werden. In die Wüste schickt er uns, um Buchstaben zu pflanzen. Aber dich hat es ebenfalls er-

wischt. Weißt du es schon? Zuckerkrank bist du. Der polnische Arzt hat es mir gesagt. Daran krepiert man. Garantiert. Langsam aber sicher. Dein Leiden sei unheilbar, hat er gesagt, und das ist mein Trost!
Jetzt wußte ich es. Mein Schädelbruch war verheilt, doch eine Zuckerkrankheit ist geblieben. Ein diabetes mellitus auf traumatischer Grundlage. Die Bauchspeicheldrüse ist ausgebrannt. Kein Insulin mehr. Als Folge des Schocks. Wenn ich leben will, muß ich mir Spritzen geben, dreimal täglich, bis ans Ende der Tage. Weil ich glänzen mußte bei Tisch, mit dem Alphabet, der größten Weisheit meines Lebens! Ach, du lieber Gott, wann gibst du mir endlich Verstand?
Am vierundvierzigsten Tag wurden wir abgeholt. Von einem perlweißen Cadillac. Gechajlt entlassen, erklärte der polnische Arzt, und er grinste vieldeutig. Abderachman hatte eine Narbe quer übers Gesicht. Rami hinkte auf beiden Beinen und schleppte sich mit Krücken zum Auto. Mir sah man überhaupt nichts an. Die Hirnerschütterung bebte nur noch undeutlich durch mein Bewußtsein. Die Zuckerkrankheit schwelte harmlos in der Bauchhöhle. Wir lagen in weichen Sitzen und ließen uns nach Rabat kutschieren. Gechajlt entlassen. Krüppel an Körper und Seele. Und der Film, den wir drehen sollten, blieb ungedreht. Eine klägliche Bilanz.
Die Strecke zwischen Taza und Fes ist ereignislos. Wir sprachen kein Wort. Jeder horchte in sich hinein. Ich saß hinten. Neben Rami. Abderachman vorne, neben dem Chauffeur. Ich spürte, wie er brütete und haßte. Sein Unfall war ihm mißlungen. Das schlug ihm aufs Gemüt. Er hatte beabsichtigt, Rami zu pulverisieren. Aber Rami lebte und er wartete nun auf den Moment der Vergeltung. Ich verstand, daß ich für Abderachman gar nicht zählte. Wenn ich draufgegangen wäre bei seiner Katastrophe; kifkif! Er hätte es nicht einmal bemerkt. Nicht daß er etwas gegen mich oder meine Ideen gehabt hätte, im Gegenteil. Sein Instinkt aber sagte ihm, daß Leute von meiner Art auf der anderen Seite stehn. Ich mochte reden soviel ich wollte. Ich überzeugte ihn

nicht. Er traute weder meinem Idealismus noch meiner Sympathie für die Namenlosen, zu denen er gehörte. Ein Hobby, eine Liebhaberei, die ich ablegen würde wie ein verschwitztes Hemd, sagte er. Und außerdem war ich ein Ausländer. Ob ich da war oder nicht, änderte wenig an seinem Schicksal. Kifkif, sagen die Araber! Er schwieg von Tendrara bis Rabat. Fast tausend Kilometer. Ein unvorsichtiges Wort und er hätte sich verraten. Vorläufig war alles in Ordnung. Niemand würde ihm nachweisen, daß er das Unglück gewollt hatte. Man konnte ihn verdächtigen, aber nicht überführen. Schließlich war er am Steuer gesessen. Hatte sich selbst der gleichen Gefahr ausgesetzt wie uns. Und übrigens konnte er sich ausrechnen, daß ihn Rami nicht verpfeifen würde. So dumm war der auch nicht. Er hatte mitgesündigt. Mitgesoffen und nichts getan, um die Sauferei zu verhindern. Rami war mitschuldig. Vielleicht sogar einer der Hauptschuldigen. Er hatte so viel Dreck am Stecken, daß er schweigen würde. Theoretisch war der Fall erledigt. Praktisch ganz und gar nicht, denn Abderachman ist ein Schlöh. Ein dunkelhäutiger Berber aus dem Süden. Er glaubt an Allah und seine Gesetze, aber in seinem Innersten ist er ein Heide. Er weiß, daß man nicht töten soll. Das steht im Koran, doch gibt es Ausnahmen. Rami zum Beispiel ist eine Ausnahme. Man muß ihn ja nicht umbringen. Man kann ihn auch, sagen wir, ins Jenseits befördern. Durch einen Unfall. Oder ein Mißgeschick. Abderachman nimmt die Gebote nicht allzu genau, interpretiert sie nach seinen Bedürfnissen. Seine Urahnen sind zwar bekehrt worden. Vor zwölfhundert Jahren, als der berühmte Sidi Okhba durch ganz Afrika sprengte, vom Nil bis zum Ued Suss, und alles zermalmte, was der Botschaft des Propheten im Wege stand. Sein Schwert war furchtbar. Sogar die Schlöh mußten sich unterwerfen. Wenigstens äußerlich. Abderachman ist ein mustergültiger Moslem, heißt es, er betet fünfmal täglich zu Allah. Er fastet im Monat Ramadan. Er spart Geld, um eines Tages nach Mekka zu pilgern. Um die Sünden von seiner Seele zu waschen und ein Hadsch zu

werden. Er hat drei legale Frauen und elf Kinder, davon acht Söhne, hamdulilah. Er verrichtet vorschriftsmäßig seine Waschungen, wenn er sich befleckt hat, und jeden Abend liest er eine Sure aus dem heiligen Buch. Man kann ihm nichts vorwerfen. Außer vielleicht, daß er in Marrakesch einen Zauberer kennt. Er trägt geheimnisvolle Beutelchen unterm Hemd und scnüttet, wenn es niemand sieht, zerriebene Flöhe in den Tee. Manchmal soll er eine Hexe besuchen. In einer Lehmhütte am Meer. Um sich einreiben zu lassen. Mit der Galle eines Chamäleons, weil ihm hin und wieder die Männlichkeit versagt. Er hat zwei Herzen in seiner Brust. Ein frommes, das sich nach Unsterblichkeit sehnt, und ein heidnisches, das tobt und nach Rache dürstet. Er ist ein unheimlicher Geselle, und ich kann begreifen, warum ihm Rami nicht über den Weg traut. Eines Tages könnte es passieren. Irgend etwas Schreckliches, denn Abderachman zweifelt an der göttlichen Gerechtigkeit. Er weiß nicht, ob im Himmel die Guten belohnt und die Schurken bestraft werden. Der Schlöh in ihm spürt, daß man Allah etwas nachhelfen muß. Daß es nötig sei, im Diesseits zu besorgen, was im Jenseits nicht mehr nachzuholen ist. Mit der Härte eines Mulay Abdallah. Mit Stock und Peitsche, und wenn es sein muß mit dem Messer. Mulay Abdallah ist sein Vorbild. Wer säen wird, hat er gesagt, der wird ernten. Wer glaubt, der versetzt Berge. Aber so ein Rami glaubt überhaupt nichts. Will weder säen noch ernten und schon gar nicht Berge versetzen. Dazu ist er zu faul. Nur schmarotzen will er. Verbreitet Fäulnis um sich herum und Unglauben. Sogar den Engeln stutzt er die Flügel. Verspottet den besten Kaid der Welt, solche Ramis muß man bestrafen. Nicht erst nach dem Tode.
So dachte wohl Abderachman auf der Heimreise, nehme ich an. Sicher bin ich nicht, denn er sagte kein Wort. Ich hatte andere Sorgen. Ich war 35 Jahre alt. Machte mir nichts draus, eine Reportage mehr oder weniger zu drehen. Aber ich war abergläubisch. Ich glaubte fest an das Sprichwort,

daß es mit den Filmen geht wie mit guten Taten. Wenn man sie hinausschiebt, vergiften sie das Gewissen. Bis zum jüngsten Tag, heißt es, wo wir Rechenschaft ablegen über alle guten Taten und Filme, die wir versäumt haben. Aus Trägheit oder Kleinmut. Die Reportage über die Beduinen lag mir jetzt im Magen. Oder, besser gesagt, in der Bauchspeicheldrüse, die nicht mehr funktionierte. Die Beduinen verhungerten. Die Trockenheit dauerte an. Die Leute verreckten wie die Fliegen, wir aber flüchteten nach Hause. In einem perlweißen Cadillac. Ich fühlte, daß zwischen meinem Gewissen und der Bauchspeicheldrüse ein Zusammenhang bestand. Je mehr ich mich schämte, desto höher stieg der Blutzucker. Vielleicht war das Selbstschutz. Gegen die Realität, die häßlich war und bitter. Realisten vom Typ eines Rami widerten mich an, denn mit ihrem gesunden Menschenverstand erstickten sie das heilige Feuer. Dafür liebte ich Menschen wie Mulay Abdallah. Seine Gedanken waren verworren, aber er hob einen empor, in die Welt der Phantasie. Vielleicht sind es die Miesmacher, die recht haben, die ewigen Spielverderber. Doch was soll ich machen, ich bin ein Enthusiast. In solche Grübeleien versunken kehrte ich nach Rabat zurück.

Dann gingen die Jahre ins Land, und wir hatten keine Nachrichten vom Kaid. Niemand wußte, was aus ihm geworden war. Wir hätten schreiben können. Anrufen oder selbst hinfahren. Aber wir hatten unsere Beweggründe, es zu unterlassen. Rami fürchtete den Erfolg, Abderachman und ich den Mißerfolg des großen Experiments. Darum steckten wir den Kopf in den Sand.

Doch dann drängte es mich, noch einmal hinzufahren, nachzuholen, was wir versäumt hatten. Dieselbe Route mit denselben Gesichtern. Rami, Abderachman und ich. Alles da capo, bis zu jener Stelle, die beinahe unser Grab geworden war.

Ich bin unverbesserlich, ich hoffte auf ein happy end. Ich hoffe immer auf ein happy end, obwohl ich längst wissen müßte, wie selten es eintrifft. Ich hatte einen Funken ins Pulverfaß geworfen und keine Ahnung, was daraus geworden war. Ich wünschte innig den Sieg Mulay Abdallahs über die Hoffnungslosigkeit. Ich träumte von der ersten Generation lesender Beduinen. Von Industriezentren und modernen Siedlungen, die aus der Einöde hervorwachsen.

Die Wirklichkeit war zunächst zwiespältig. Aus der Rumpelpiste war eine Asphaltstraße geworden. Tankstellen alle fünfzig Kilometer. Herbergen in den verlorensten Oasen. Hinter den Sanddünen Riesenreklamen: Coca Cola! Storkbier! Bastoszigaretten! Wir glitten geräuschlos durch die Hochebene und warfen uns unsichere Blicke zu. In der Gegend von Gur Leham begegneten wir einer Lastwagen-Kolonne mit dreihundert Bergleuten, die nach Dscherrada fuhren. In die Kohlengruben. Ich traute meinen Augen nicht. Beduinen mit Schutzhelmen und Preßlufthämmern. Ich jubilierte: »Nicht schlecht, unser Kaid. Aus Halbwilden macht er Bergarbeiter.« – »Zwangsarbeiter«, korrigierte Rami. Dann schwiegen wir. Die Reise war unbehaglich. Damals waren wir aufgebrochen zu entdecken. Diesmal nicht. Wir fuhren hin, um eine Schuld zu begleichen, weil wir damals unser Ziel nicht erreicht hatten. Weil Abderachman besoffen war und Rami aus der Welt schaffen wollte. Weil Mulay Abdallah von einem Anfall revolutionärer Schwärmerei erfaßt worden war und ich ihn verursacht hatte.

Wir kamen nach Tendrara und gingen ins Büro des Kaids. Alles war an seinem Platz. Derselbe Mokhazni stand am selben Ort. Mit demselben Gewehr auf derselben Schulter. Mulay Abdallah saß auf seinem Stuhl wie an jenem Tag, als wir ihn kennenlernten. Nur ein paar Jahre älter. Doch. Etwas hatte sich verändert. Von seiner Schwermut war keine Spur mehr geblieben, eine pfiffige Vergnügtheit hatte sich auf seinem Gesicht ausgebreitet. Er freute sich über unseren Besuch. Nach einer kurzen Begrüßung bat er uns zum Mittagsmahl, zu dem er wieder dieselben Gäste geladen hatte. Dieselben Kamelhändler, lokalen Würdenträger und den Bewässerungsinspektor. Auch der jüdische Juwelier war erschienen und natürlich der Possenreißer. Nur der polnische Arzt fehlte, was ich als günstiges Zeichen für meine Gesundheit deutete. Ich ging auf den Spaßmacher zu und fragte ihn erwartungsvoll, was aus ihm geworden sei, seit er jenen Hornochsen in den Hintern genudelt hatte. Er gab zurück, daß er inzwischen in Mekka gewesen und Hadsch geworden sei, weshalb er sich nun aller Lustbarkeiten enthalten müsse. Es würde ihn jedoch interessieren, wie sich mein Schicksal entwickelt habe und insbesondere meine Zuckerkrankheit. Darauf erwiderte ich, auch ich müsse mich der meisten Lustbarkeiten enthalten und bekäme jetzt täglich drei Spritzen Insulin. Der Witzbold freute sich unumwunden und erklärte, das sei die Strafe für den Floh, den ich damals dem Kaid ins Ohr gesetzt hätte: Aus dem Floh ist ein Elefant geworden, werter Freund, und du ahnst gar nicht, wie schlecht es Mulay Abdallah bekommt, Gutes zu tun. Er hämmert den Beduinen Buchstaben in den Schädel. Und wie danken sie es ihm? Sie werden frech. Er brachte einen Tubib zu den Beni Mathar, einen Arzt aus Deutschland. Und was tun die Nachbarn, die Beni Guil? Sie schimpfen, weil sie noch keinen haben. Nie haben sie einen Arzt gehabt, jetzt aber fängt er plötzlich an, ihnen zu fehlen. Der Kaid ließ eine Straße durch die Wüste bauen, den Stolz unseres Amtsbezirks. Und was sagen die Leute? Daß ihre Kamele keinen Wert mehr haben, daß man die Straße in die Luft sprengen sollte, weil sich die Karawanen nicht mehr rentieren. Der verdammte Autoverkehr habe sie arbeitslos gemacht, und das paßt ihnen nicht, obwohl sie faul sind wie der Schlamm im Tümpel. Mulay Abdallah fand auch da eine Lösung. Er hat die Beduinen nach Dscherrada geschickt, in die Kohlengruben, wo sie dreimal soviel verdienen wie vorher. Er drückte ihnen einen Preßlufthammer in den Arm und zeigte ihnen, wie man arbeitet. Aber der Preßlufthammer machte zuviel Lärm und von fünftausend Männern sind viertausend davongelaufen. Zurück in die Zelte. Der Kaid ließ ihnen Häuser bauen.

Gleich neben dem Bergwerk. Aus Backstein und Mörtel. Mit Wasser und elektrischem Licht. Und was haben sie gemacht? In den Innenhöfen der Häuser stellten sie ihre Zelte auf. Dort hausen sie wie eh und je und beweisen der Welt, daß es hier nie etwas Neues geben wird ...

Bei diesen Worten erhob sich Mulay Abdallah vom Tisch, mit bebenden Nasenflügeln und flackernden Augen. Er werde jetzt eine Spazierfahrt machen. Wer Lust habe, möge ihm folgen. Niemand hatte Lust, denn das Essen hatte erst angefangen. Ich aber wollte wissen, was den Kaid so verstört hatte und bedeutete meinen Gefährten mitzukommen. Wir bestiegen einen Landrover. Abderachman setzte sich ans Steuer. Neben ihm der Kaid, hinten Rami und ich. Und so rollten wir nach Osten. Über die Straße, auf der wir um ein Haar ums Leben gekommen wären. Wo das Dorf zu Ende war, wartete ein Fellache, der mitfahren wollte. Die Straße war nicht wiederzuerkennen. Die Landschaft noch weniger. Olivengärten so weit das Auge reicht. Dattelpalmen und Zitronenhaine, wo früher Steine in der Sonne flimmerten. Mulay Abdallah winkte dem Fellachen einzusteigen und fragte:

– Seit wann gibt es hier Oliven?

– Das weißt du doch, Assidi. Seit vier Jahren.

– Und wer hat sie gepflanzt?

– Wir.

– Freiwillig?

– Nein.

– Was heißt nein?

– Mit dem Stock hast du uns zur Arbeit getrieben, Assidi.

– Was gab es hier vorher?

– Nichts, Assidi. Steine.

– Und wer hat sie weggeschafft, die Steine, aus der Wüste?

– Wir.

– Freiwillig?

– Mit der Peitsche.
– Warum mit der Peitsche?
– Weil wir nicht glauben wollten, Assidi.
– Woran nicht glauben?
– Daß man hier entsteinen und etwas pflanzen kann.
– Woher habt ihr das Wasser für eure Gärten? Hier gibt's doch kein Wasser.
– Wir haben eine Rhetara gegraben. Unter der Erde. Zwanzig Kilometer lang.
– Freiwillig?
– Nein.
– Wie lange habt ihr gearbeitet?
– 700 Nächte.
– Wer?
– Wir, Assidi. Und du hast mitgearbeitet. Jede Nacht.
Abderachman fuhr jetzt langsamer:
– Wem gehören diese Gärten?
– Uns, jeder der mitgearbeitet hat, bekam seinen Anteil.
– Was macht ihr aus den Oliven?
– Öl. In einer Presse, die wir gekauft haben. Und das Öl verkaufen wir in Uschda. Alle bekommen wir Geld.
– Wieviel Hektar habt ihr entsteint, alles in allem?
– Tausendsechshundert. Vorläufig. Aber wir werden weitermachen.
– Freiwillig?
– Ja.
– Was hast du gesagt? Freiwillig?
– Natürlich freiwillig; wir sind doch nicht dumm!
Bei diesen Worten bremste Abderachman, als hätte ihn eine Wespe gestochen. Er drehte sich zu Rami um, der hinter ihm saß, packte ihn an beiden Schultern, haßerfüllt und siegreich zugleich, und spuckte ihm ins Gesicht. Mulay Abdallah sah zur Seite und lächelte.

André Kaminski
Herzflattern

Neun wilde Geschichten
st 1080, 194 Seiten,
DM 10,–

André Kaminskis neues Buch macht mich neidisch in mancherlei Hinsicht. Nicht nur möchte ich so spannend und so gescheit erzählen können, wie er es im »Herzflattern«, in seinen »neun wilden Geschichten«, tut, ich möchte auch über diese Fülle an Erlebtem verfügen ... Die individuelle Erfahrung, von der frisch und lustvoll erzählt wird, gewinnt auf diese Weise eine Bedeutung, die weit über sich selbst hinausweist: Es sind nicht nur spannende Geschichten zu lesen, sondern geschichtsträchtige.

TAGES-ANZEIGER (Zürich)

Verzeichnis
der suhrkamp taschenbücher

Eine Auswahl

Achternbusch: Alexanderschlacht 61
– Der Depp 898
– Servus Bayern 937
Adorno: Erziehung zur Mündigkeit 11
– Versuch, das ›Endspiel‹ zu verstehen 72
Alain: Die Pflicht, glücklich zu sein 859
Anders: Erzählungen. Fröhliche Philosophie 432
Ansprüche. Verständigungstexte von Frauen 887
Artmann: How much, schatzi? 136
– The Best of H. C. Artmann 275
Bachmann: Malina 641
Ball: Hermann Hesse 385
Ballard: Der ewige Tag 727
– Das Katastrophengebiet 924
Barnet: Der Cimarrón 346
Becher, Martin Roda: An den Grenzen des Staunens 915
Becker, Jurek: Irreführung der Behörden 271
– Jakob der Lügner 774
Beckett: Das letzte Band (dreisprachig) 200
– Endspiel (dreisprachig) 171
– Mercier und Camier 943
– Warten auf Godot (dreisprachig) 1
Bell: Virginia Woolf 753
Benjamin: Deutsche Menschen 970
– Illuminationen 345
Bernhard: Das Kalkwerk 128
– Frost 47
– Salzburger Stücke 257
Bertaux: Hölderlin 686
Bierce: Das Spukhaus 365
Bioy Casares:
– Die fremde Dienerin 962
– Morels Erfindung 939
Blackwood: Besuch von Drüben 411
– Das leere Haus 30
Blatter: Zunehmendes Heimweh 649
– Love me tender 883
Böni: Ein Wanderer im Alpenregen 671
Brasch: Der schöne 27. September 903
Braun, J. u. G.: Conviva Ludibundus 748
– Der Irrtum des Großen Zauberers 807
Braun, Volker: Das ungezwungene Leben Kasts 546
– Gedichte 499
Brecht: Frühe Stücke 201
– Gedichte 251
– Gedichte für Städtebewohner 640
– Geschichten von Herrn Keuner 16
– Schriften zur Gesellschaft 199
Brecht in Augsburg 297
Bertolt Brechts Dreigroschenbuch 87
Brentano: Theodor Chindler 892
Broch, Hermann: Werkausgabe in 17 Bdn.,
Buch: Jammerschoner 815
Carossa: Ungleiche Welten 521
– Der Arzt Gion 821

2/1/6.84

2/2/6.84

2/3/6.84

2/4/6.84

2/5/6.84

2/6/6.84